中国40年

1978—2018

李光斗◯编著

cns PUBLISHING & MEDIA 中南出版传媒
湖南教育出版社

图书在版编目（CIP）数据

中国40年：1978—2018 /李光斗编著. —长沙：湖南教育出版社，2019.7
ISBN 978-7-5539-5700-5

Ⅰ. ①中… Ⅱ. ①李… ②李… Ⅲ. ①改革开放 —成就 —中国 —1978—2018 Ⅳ. ①D619

中国版本图书馆CIP数据核字(2019)第002783号

中国40年：1978—2018
ZHONGGUO 40 NIAN: 1978—2018

编　　著：李光斗
策　　划：黄步高
责任编辑：黄永华　董静静
责任校对：丁泽良
装帧设计：谢俊平
出版发行：湖南教育出版社（长沙市韶山北路443号）
网　　址：www.bakclass.com
微 信 号：贝壳导学
电子邮箱：hnjycbs@sina.com
客服电话：电话0731-85486979
经　　销：湖南省新华书店
印　　刷：长沙超峰印刷有限公司
开　　本：787 mm×1092 mm　1/16
印　　张：26
字　　数：680000
版　　次：2019年7月第1版
印　　次：2019年7月第1次印刷
书　　号：ISBN 978-7-5539-5700-5
定　　价：68.00元

从1978年的十一届三中全会开始至2018年，中国的改革开放已经进入到第40个年头。

40年，人生可称不惑，国家可见枯荣。40年来，中国社会完成了一次伟大的变革，亿万人民也从贫穷走向富裕，从整齐划一变得多样纷呈。今天，我们回溯这段波澜壮阔的历史，向伟大的改革开放致敬，希望给大家带来对于新时代美好生活的更多憧憬与思考。

中国

CONTENTS

40

78—2018

年

目录

中国40年

1978—2018

中国40年

★

1978

◆ 1978 年 12 月，党的十一届三中全会在北京举行，中国共产党从此开始了建设中国特色社会主义的新探索，中国从此进入了改革开放和社会主义现代化建设的历史新时期。

◆ 1978 年底，《新闻联播》首次面对观众，《新闻联播》运用了高度程式化的编排风格。从播出顺序来看，依次为时政报道、常规报道、国内简讯、国际简讯。四大版块虽偶有调整，但总体维持着次序的稳定。

1977—2018 年全国参加高考人数和录取率

年份	参加高考人数 / 万	录取人数 / 万	录取率
1977	570	27	5%
1978	610	402	7%
1979	468	28	6%
1980	333	28	8%
1981	259	28	11%
1982	187	32	17%
1983	167	39	23%
1984	164	48	29%
1985	176	62	35%
1986	191	57	30%
1987	228	62	27%
1988	272	67	25%
1989	266	60	23%
1990	283	61	22%
1991	296	62	21%
1992	303	75	25%
1993	286	98	34%
1994	251	90	36%
1995	253	93	37%
1996	241	97	40%
1997	278	100	36%
1998	320	108	34%
1999	288	160	56%
2000	375	221	59%
2001	454	268	59%
2002	510	320	63%
2003	613	382	62%
2004	729	447	61%
2005	877	504	57%
2006	950	516	54%
2007	1010	566	56%
2008	1050	599	57%
2009	1020	629	62%
2010	946	657	69%
2011	933	675	72%
2012	915	685	75%
2013	912	694	76%
2014	939	698	74%
2015	942	700	74%
2016	940	705	75%
2017	940	700	74%
2018	975	—	—

◆ 1978 年，中国第一座抗高烈度地震公路桥——河北滦河新桥竣工通车。

◆ 穿着港衫喇叭裤跳迪斯科，是当年文艺青年们最时髦的追求。改革开放初期，人们的思想逐渐开化，年轻人接受新鲜事物的速度更是超乎想象。

◆ 1978年，交警在狭窄的街道上执法。那个时候，大街上最多的交通工具是自行车。

◆ 在一家卖水果的商店里，一个大姐正在称梨，那时候算账都是用算盘。

◆ 学生们在上实验课，两个女学生正在做实验。

◆ 一家陶瓷厂，工人正在制作陶瓷坯体。

◆ 北京大学迎来恢复高考后录取的第一批新生。

◆ 女高音独唱演员叶英，22 岁，来自长白山林区。她演唱了《世世代代铭记毛主席的恩情》等歌曲，声音清脆嘹亮，亲切感人。她是 1977 年高考后被中央音乐学院录取的考生。

致橡树

舒婷

我如果爱你——
绝不像攀援的凌霄花，借你的高枝炫耀自己；
我如果爱你——
绝不学痴情的鸟儿，为绿荫重复单调的歌曲；
也不止像泉源，常年送来清凉的慰藉；
也不止像险峰，增加你的高度，衬托你的威仪。
甚至日光，甚至春雨。
不，这些都还不够！
我必须是你近旁的一株木棉，作为树的形象和你站在一起。
根，紧握在地下，叶，相触在云里。
每一阵风过，我们都互相致意，但没有人，听懂我们的言语。
你有你的铜枝铁干，像刀，像剑，也像戟；
我有我红硕的花朵，像沉重的叹息，又像英勇的火炬。
我们分担寒潮、风雷、霹雳；
我们共享雾霭、流岚、虹霓。仿佛永远分离，却又终身相依。
这才是伟大的爱情，
坚贞就在这里：
爱——
不仅爱你伟岸的身躯，
也爱你坚持的位置，足下的土地。

中国40年

1979

◆ 长安街上，几辆汽车点缀在宽阔的马路上。1979 年，北京市的机动车仅有 8.9 万辆。

◆ 深圳沙头角丝花厂的女工正在机器前工作。沙头角丝花厂建立于 1979 年，是深圳第一家中外合资工厂。沙头角丝花厂办在中英街内，当时特区还未设立，中外合资政策还没出台，通过中英街将产品运输到香港，不需要经过海关或者检查。丝花厂建立后还提高了当地居民的收入，那时候当地居民或农民从丝花厂接些外包工作回家做，每个月可以赚一两百元，是当时人们平均工资的好几倍。

◆ 这是一家生产收音机的无线电厂。在 20 世纪六七十年代能拥有一台收音机是一个家庭生活富裕的标志。当时收音机是国家的重点产品，在电视没有普及的年代，人们基本上都是通过收听收音机了解外面的世界。

◆ 一位小学语文老师正在教唐诗《锄禾》。《锄禾》被选入小学语文教科书，这是很多人小时候都读过的一首古诗。

◆ 一个小女孩在家里做手工活——串葡萄。那时候的小孩因为条件比较艰苦，受外界环境影响较小，大多都比较朴实、坚强，农村的小孩基本都要帮忙干农活，就算是在家里也会帮忙洗衣做饭，做一些力所能及的事情减轻父母的负担。

◆ 这是一位农村广播员。广播喇叭在 20 世纪六七十年代是农村主要的信息来源，给那一代人留下了难忘的记忆。那时候几乎每个村里都有高音喇叭，每到播出时间，整个村庄都响着喇叭的声音。

◆ 生产队员正在干农活。那时候生产队的农活是由队长进行派工安排，每天早上天刚亮，生产队的干部就喊社员起床做饭出工。干活基本都是按工分计算，年终再根据工分算出每个人的收入。

面朝大海，春暖花开

海子

从明天起，做一个幸福的人
喂马、劈柴，周游世界
从明天起，关心粮食和蔬菜
我有一所房子，面朝大海，春暖花开
从明天起，和每一个亲人通信
告诉他们我的幸福
那幸福的闪电告诉我的
我将告诉每一个人
给每一条河每一座山取一个温暖的名字
陌生人，我也为你祝福
愿你有一个灿烂的前程
愿你有情人终成眷属
愿你在尘世获得幸福
我只愿面朝大海，春暖花开

中国40年
1978—2018

中国40年

★

1980

◆ “80 后”是指 1980 年 1 月 1 日至 1989 年 12 月 31 日出生的人群，有时也泛指出生于 1970 年代末期，即改革开放以后的中国年轻一代。美国也把这一代叫作“Y 一代”。以出生时间来界分人的文化群，虽不是一种科学的方法，却在某种程度上契合了变化的文化潮流。 值得一提的是，“80 后”是一直亲眼见证着当代中国在改革开放后日渐发展崛起并与之一同成长的特殊的新一代。

◆ 1980 年 5 月 18 日，我国向太平洋预定海域发射第一枚运载火箭获得了圆满成功。这枚运载火箭在高空中顺利完成了火箭级间的分离、发动机关机和火箭头体分离等一系列程序，精确地沿着预定轨道飞完全程，最后在预定区域准确入海。这次运载火箭的发射成功，是我国继进行原子弹、氢弹、导弹核武器研究和发射人造卫星成功后，在尖端科学技术领域里取得的又一项重要成就。

◆ 1979 年 4 月，邓小平首次提出要开办“出口特区”；1980 年 3 月，“出口特区”改名为“经济特区”，后在深圳等地加以实施。按其实质，经济特区也是世界自由港区的主要形式之一。它以减免关税等优惠措施为手段，通过创造良好的投资环境，鼓励外商投资，引进先进技术和科学管理方法，以促进特区所在国经济技术发展。经济特区实行特殊的经济政策、灵活的经济措施和特殊的经济管理体制，并坚持以外向型经济为发展目标。 中国经济特区诞生于 20 世纪 70 年代末、80 年代初，成长于 90 年代。经济特区的设置标志着中国改革开放进一步发展。

◆ 在上海第一百货商场内，几名男子在柜台调试电视机。买了电视是当时家里的大喜事，街坊四邻的孩子、老人都会跑来看新奇。

◆ 科研单位里大家在一起研究电脑，20 世纪 80 年代电脑十分少见。

◆ 自制的摇篮，20 世纪 80 年代的孩子大都有过坐摇篮或者摇桶的经历。

◆ 1980 年，《新闻联播》的播音员薛飞。

◆ 上海街头的日本汽车广告。

◆ 1980年9月1日，山沟沟里13岁的少先队员施展，以465分的优异成绩考上中国科技大学数学系（成年班），成为当年高考的佳话。施展斯文好静，爱好音乐，竹林里常传出他悠扬的笛声。

乡愁

余光中

小时候
乡愁是一枚小小的邮票，
我在这头，母亲在那头。

长大后，
乡愁是一张窄窄的船票，
我在这头，新娘在那头。

后来啊，
乡愁是一方矮矮的坟墓，
我在外头，母亲在里头。

而现在，
乡愁是一湾浅浅的海峡，
我在这头，大陆在那头。

中国40年
1978—2018
TIME

中国40年

★

1981

◆ 1981 年 11 月，中国女排以亚洲冠军的身份，参加了在日本举行的第三届世界杯排球赛。比赛采用单循环制，经过 7 轮激烈的比赛，11 月 16 日，中国队以 7 战全胜的成绩首次夺得世界杯赛冠军。袁伟民获“最佳教练奖”，孙晋芳获“最佳运动员奖”“最佳二传手奖”“优秀运动员奖”，郎平获“优秀运动员奖”。这次比赛也拉开了中国女排五连冠的序幕，中国女排在 20 世纪 80 年代的世界杯、世界锦标赛和奥运会上，连续 5 次夺得世界冠军，成为世界排球史上第一支连续 5 次夺冠的队伍。

◆ 1981 年 1 月 4 日，中华人民共和国万里长江第一坝——葛洲坝水利枢纽工程大江截流工程胜利合龙。大坝建成后，抬高了长江水位，有效地改善了三峡天然航道。“朝辞白帝彩云间，千里江陵一日还。两岸猿声啼不住，轻舟已过万重山”，已不再是诗人的夸张和美好的幻想，如今已成为活生生的现实。

◆ 全国总工会、共青团中央、全国妇联等 9 个人民团体和单位联合向全国人民特别是青少年发出《关于开展文明礼貌活动的倡议》：开展以讲文明、讲礼貌、讲卫生、讲秩序、讲道德和心灵美、语言美、行为美、环境美为内容的“五讲四美”文明礼貌活动。

◆ 清晨，工人在街边做早操。

◆ 解放军仪仗队正在迎接外宾。

◆ 街边的一个宣传海报。

◆ 农村里的一场婚礼，一对新人推着自行车走在路上接受着人们的祝福。婚礼非常简单、朴素，但是他们笑得非常开心。

◆ 在田间帮忙弄稻子的小孩。那个年代，不管男孩女孩，大多从小就要到田里帮忙干活。

◆ 一个外国游客开着一辆汽车到农村参观，那时候汽车、外国人对农民来说都很新奇，一群农民围着外国人和汽车，非常兴奋。

双桅船

舒婷

雾打湿了我的双翼，
可风却不容我再迟疑。
岸啊，心爱的岸，
昨天刚刚和你告别，
今天你又在这里。
明天我们将在，
另一个纬度相遇。
是一场风暴，一盏灯，
把我们联系在一起。
是一场风暴，另一盏灯，
使我们再分东西。
不怕天涯海角，
岂在朝朝夕夕。
你在我的航程上，
我在你的视线里。

中国40年

1982

◆ 1984 年 10 月 1 日，“联产承包好”的标语出现在国庆期间的天安门广场上。

◆ 中国男子羽毛球队首次夺得汤姆斯杯。

◆ 李宁在南斯拉夫萨格勒布市举行的第 6 届世界杯体操比赛中获单杠、自由体操、跳马、鞍马、吊环和全能 6 项冠军，创造了世界体操史上的神话，被誉为体操王子。

◆ 年轻人在小摊上看连环画。在文化相对匮乏的年代，租小人书看成了最早的“共享经济”模式。

◆ 纺织厂的一个工人在用纺车纺线。纺车起源于中国，是从我国古代用来加工丝绸纤维的机械派生出来的。

◆ 一对年轻男女在公园里约会，那个时候公园是年轻男女约会的首选场所，在公园的长板凳上经常可以看到一对对热恋中的情侣。但是，那时候的人们还是比较保守的，一般在公共场合不敢搂搂抱抱，图中的这一幕在当时比较少见。

◆ 一群戴着红领巾的小学生在公园里游玩。学校组织学生到郊外去春游或秋游，家里就会给小孩子们一些零用钱买零食，那时候的零食很少，孩子们最喜欢的就是几分钱一根的冰棒。

◆ 一个大爷正在用细竹编织一批篮子，编好后拿到集市上卖。竹编是我国一项具有悠久历史的传统工艺，2008 年被列入国家级非物质文化遗产。

白昼的月亮

顾城

白昼的月亮呵
——像冰山的心脏，
静静飘浮在蓝天的海洋上。
温暖的天海之水，
抚平了你的裂痕，
洗去了你的悲凉……
但却永远不能溶解你心中的冰冻，
那是比水晶更纯的哀伤。
白昼的月亮呵
——像一片巨大的珠蚌，
悄悄地沉浸在云朵的浅滩旁。
富庶的风潮之波，
送来了朝霞的异彩，
送来了霓虹的奇光……
但却永远无法代替你心头的星珠，
那是比钻石更美的希望。
我愿作一枚白昼的月亮，
不求眩目的荣华，
不淆世俗的潮浪。
终生忠于——
一月八日的悲恸，
四月五日的向往……

中国40年
1978—2018

中国40年

★

1983

◆ 1983 年 11 月 21 日，由中国人民解放军国防科技大学研制成功的中国第一台亿次巨型计算机——“银河 -Ⅰ号”巨型计算机在长沙通过国家鉴定。“银河 -Ⅰ”巨型计算机的诞生，填补了国内巨型计算机研制的空白，标志着我国进入世界巨型计算机研制的行列。

◆ 1983 年，第一辆组装桑塔纳轿车驶下流水线。那时候，一辆桑塔纳在国内卖 20 多万元人民币。根据北京师范大学教授钟伟的一篇权威学术研究报告得出的结果，那一年的 20 万元约等于现在 5000 多万元！

◆ 一个男子骑着嘉陵摩托车载着两个女孩。在 20 世纪 80 年代初，大部分人的收入都比较低，一个月工资只有几十元。这种嘉陵 CJ50 摩托车是 1980 年左右面世的，当时一台售价要 1000 元左右，算是豪车了。很多男人都梦想拥有一辆属于自己的摩托车，骑着这样一辆摩托车在路上，会让人羡慕不已。

◆ 为了控制我国的人口数量，国家提倡一对夫妇只生育一个孩子，在此基础上还提倡晚婚晚育。

◆ 三个男子戴着同一个款式的墨镜，这种墨镜当时被称为蛤蟆镜，深受时髦年轻人追捧。

◆ 位于北京市崇文门西大街的马克西姆餐厅开业，在餐厅里进行了一场时装秀，几名外国美女穿着性感的衣服在餐厅里走秀，餐厅里的座位上和走廊边都围满了人观看。马克西姆餐厅总店在法国巴黎，崇文门店是最早的中法合资西餐厅，在那个年代很少有这么高档的西餐厅。

◆ 上海一家高级饭店的一桌酒席。这桌酒席规格非常高，有茄汁鲳鱼、霸王鸡、红烧蹄髈、什锦火锅等八九个菜，饮料是那个年代流行的橘子水，还有一瓶茅台酒，那时候一瓶茅台酒 8 元左右，整桌酒席下来要好几十元，是普通人一个月的收入，相当于现在的好几千元。

◆ 两个小学生推着坐在小竹推车里的同学去上学，坐在小推车里的男孩因为生病，没办法自己走路去上学，父母又要做事，没空接送他，所以由两个热心的同学送他上学、放学。

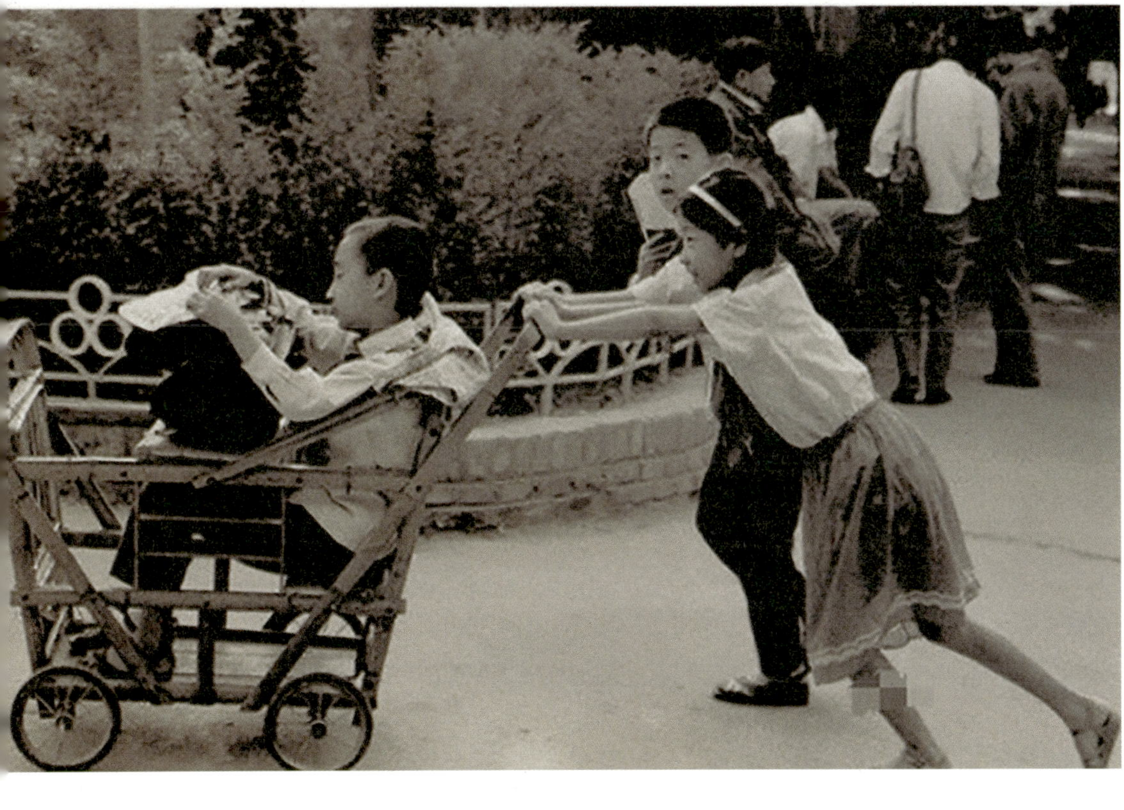

◆ 大学生们在学校的体育馆里举行舞会，他们穿着礼服，跳着国标舞。

◆ 一个小男孩家里的炉火熄灭了，妈妈派他从隔壁邻居家借了一个蜂窝煤回去生火，小男孩夹着煤小心翼翼地走着。

◆ 北京的十字路口，交警在路口中间的交通岗亭上指挥交通。那时候路上车很少，街道很干净。

五月的麦地

海子

全世界的兄弟们
要在麦地里拥抱
东方，南方，北方和西方
麦地里的四兄弟，好兄弟
回顾往昔
背诵各自的诗歌
要在麦地里拥抱
有时我孤独一人坐下
在五月的麦地　梦想众兄弟
看到家乡的卵石滚满了河滩
黄昏常存弧形的天空
让大地上布满哀伤的村庄
有时我孤独一人坐在麦地为众兄弟背诵中国诗歌
没有了眼睛也没有了嘴唇

中国40年
1978—2018
TIME
THE DIVAS OF POP

中国40年

★

1984

◆ 1984 年洛杉矶奥运会，许海峰获男子自选手枪 60 发慢射冠军，成为本届奥运会首金得主，同时也是中国首位奥运冠军，实现了中国奥运会历史上金牌“零”的突破。

◆ “小平您好”，该词汇起源于国庆 35 周年（1984 年 10 月 1 日）群众游行时北京大学学生自发打出的标语。国庆 35 周年首都群众游行时，北京大学的学生们在游行队伍行进中打出意外的横幅——“小平您好”，此画面瞬间传遍世界，成为电视画面记录的瞬间、历史上珍贵的记忆。 横幅的书写者，是北大东方语言文学系的学生胡圣虎。

◆ 1984 年是中国现代企业的元年，联想、海尔、四通、万科、健力宝，都诞生于这一年。图中穿中山装的张瑞敏（左三）对能够通过引进技术给企业找到一条出路感到非常高兴。

◆ 1984 年 7 月 25 日，中国第一家股份制企业——北京天桥百货股份有限公司成立。

◆ 中国人民解放军铁道兵并入铁道部，集体转业。至此，在中国军界，只留下铁道兵永久的历史与美好回忆。

◆ 北京工人体育场，欢庆国庆开幕式。

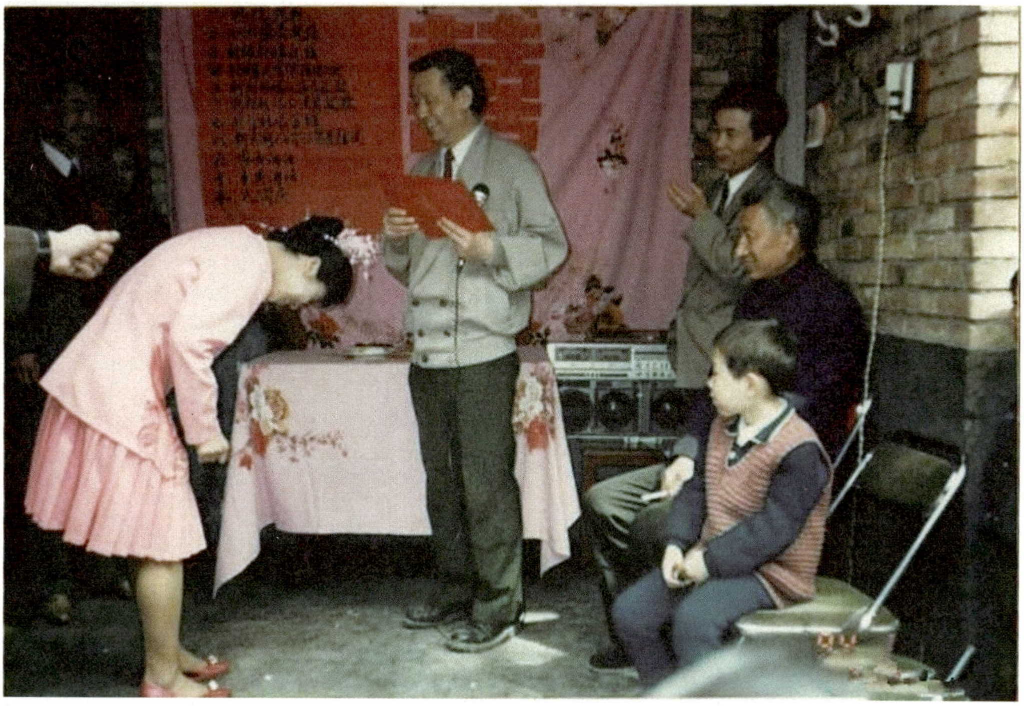

◆ 农村婚礼现场，非常朴素。

◆ 上海高校的研究生在联谊活动上的“英语角”用英语热烈地交谈。1984 年，英语正式成为高考科目。

我爱这土地

艾青

假如我是一只鸟，
我也应该用嘶哑的喉咙歌唱：
这被暴风雨所打击着的土地，
这永远汹涌着我们的悲愤的河流，
这无止息地吹刮着的激怒的风，
和那来自林间的无比温柔的黎明……
——然后我死了，
连羽毛也腐烂在土地里面。
为什么我的眼里常含泪水？
因为我对这土地爱得深沉……

中国40年

★

1985

◆ 1985 年 9 月 6 日，《中华人民共和国居民身份证条例》经第六届全国人大常务委员会第十二次会议通过，并于同日公布施行。这是中国实行居民身份证制度的法律依据。

◆ 1985 年 1 月，全国人大常委会会议通过了国务院关于建立教师节的议案，确定每年的 9 月 10 日为教师节。1985 年 9 月 10 日，国家主席李先念发出《致全国教师的信》，中国各地举行隆重的庆祝大会。在教师节期间，20 个省市共表彰了 11871 个省级优秀教师集体和个人。

◆ 湖北省麻城市铁门区农村青年王端良高考落榜后，一边务农一边抽空自学。1985 年，他获得自学考试大专文凭，被该市胡锡古中学聘为英语教师。这是在一次考试后，他为学生解题。1985 年，教育部规定：可以从参加全国统一高考的考生中招收少数国家计划外的自费生。一向由国家“统包”的招生制度，变成了不收费的国家计划招生和收费的国家调节招生同时并存的“双轨制”。

◆ 一位农村妇女提着东西，带着两个孩子回娘家，这是20 世纪 80 年代农村妇女回娘家的经典画面，让人想起小时候跟着妈妈去外婆家的情景。

◆ 一对父子俩，父亲拿着一把玩具枪，儿子穿着一身小军装，手上拿着一瓶汽水，眼睛对着玻璃瓶口。很多小男孩的梦想都是当警察或军人，那时候的小男孩都爱穿着小军装戴着小军帽。

◆ 大街上的两个女孩子头上包着纱巾。女性佩戴纱巾既可以用来做时尚装饰和保暖，在大风吹沙的天气里还能用来防风沙，又不会影响看路。

下雪的早晨

艾青

雪下着，下着，没有声音，雪下着，下着，一刻不停。

洁白的雪，盖满了院子，洁白的雪，盖满了屋顶，整个世界多么静，多么静。

看着雪花在飘飞，我想得很远，很远。

想起夏天的树林，树林里的早晨，到处都是露水，太阳刚刚上升。

一个小孩，赤着脚，从晨光里走来，他的脸像一朵鲜花，

他的嘴发出低低的歌声，他的小手拿着一根竹竿。

他仰起小小的头，那双发亮的眼睛，透过浓密的树叶，

在寻找知了的声音……

他的另一只小手，提了一串绿色的东西——

一根很长的狗尾草，结了蚂蚱、金甲虫和蜻蜓。

这一切啊，我都记得很清。

我们很久没有到树林里去了，那儿早已铺满了落叶，也不会有什么人影；

但我一直都记着那个小孩，和他的很轻很轻的歌声。

此刻，他不知在哪间小屋里，看着不停地飘飞着的雪花，

或许想到树林里去抛雪球，或许想到湖上去滑冰，

但他决不会知道，有一个人想着他，

就在这个下雪的早晨。

中国40年

★

1986

◆ 电视连续剧《西游记》在 1986 年春节一经播出，轰动全国，获得了极高评价。该剧老少皆宜，重播次数超过 3000 次，人们百看不厌，成为一部公认的难以超越的经典，当年剧中的主要演员也都成了人们心中的偶像。

◆ 北京工人体育馆，“1986 国际和平年”纪念演唱会上，崔健以一首《一无所有》唱响了整个体育馆，中国摇滚乐应声而起，崔健本人由此被称为“中国摇滚之父”。

◆ 沈阳市防爆器械厂宣告破产。这是中华人民共和国成立后第一家正式宣告破产的国有企业。

◆ 1986 年，由中国人自己组建的漂流探险队首次全程漂流长江成功。在这次世界探险史上“最后的伟大征服”中，中国长江科学考察漂流探险队、中国洛阳长江漂流探险队、中美长江漂流探险队共计有 10 位壮士长眠于长江。随着长江上游一个又一个水坝的兴建，滔滔江水被层层拦截，汹涌澎湃、气势磅礴的长江正在成为昨天的记忆，1986 年的长江漂流已经成为人类漂流史上的千古绝唱。

◆ 英国伊丽莎白女王访问中国时，到西安临潼参观了秦始皇兵马俑。伊丽莎白女王 1986 年第一次访问中国，成为历史上第一次对中国进行访问的英国君主。当时，女王坐飞机抵达北京，然后去了西安和上海访问，再去昆明、广州参观，在广州结束访问后去了香港。

◆ 20 世纪 80 年代中国私家车还不普及，到处都是自行车。那时候的自行车大军让人难以忘记，当时城市里大街上的场景是绿灯一亮或者工厂大门一开，大量自行车蜂拥而出，虽然那时候街上自行车非常多，但是交通事故少。

◆ 一群志愿者医生在街上设了个体检处，给市民免费体检。

◆ 牛奶现挤现卖，如今再也看不到了。

回答

北岛

卑鄙是卑鄙者的通行证，高尚是高尚者的墓志铭。
看吧，在那镀金的天空中，飘满了死者弯曲的倒影。
冰川纪过去了，为什么到处都是冰凌？
好望角发现了，为什么死海里千帆相竞？
我来到这个世界上，只带着纸、绳索和身影，
为了在审判之前，宣读那些被判决的声音：
告诉你吧，世界，我——不——相——信！
纵使你脚下有一千名挑战者，那就把我算作第一千零一名。
我不相信天是蓝的，我不相信雷的回声；
我不相信梦是假的，我不相信死无报应。
如果海洋注定要决堤，就让所有的苦水注入我心中；
如果陆地注定要上升，就让人类重新选择生存的峰顶。
新的转机和闪闪星斗，
正在缀满没有遮拦的天空，
那是五千年的象形文字，
那是未来人们凝视的眼睛。

中国40年

★

1987

◆ 1987 年 9 月 20 日，中国首封电子邮件上网。这一天，钱天白教授向联邦德国卡尔斯鲁厄大学发出了中国第一封电子邮件（E-mail）“越过长城，通向世界”，从而在中国首次实现与因特网（Internet）的联接，使中国成为国际互联网络大家庭的一员。

◆ 1987 年首播的央视版《红楼梦》是中央电视台和中国电视剧制作中心根据中国古典文学名著《红楼梦》摄制的一部古装连续剧，由王扶林先生导演，周汝昌、王蒙、周岭、曹禺、沈从文等多位红学家参与制作。该剧播出后，得到了大众的一致好评，重播千余次，被誉为“中国电视史上的绝妙篇章”和“不可逾越的经典”。

◆ 1987 年 11 月 12 日，肯德基在中国的第一家餐厅在北京前门开业。当时天气很冷，飘着雪花，由于等待人群太多，不得不求助公安人员来维持秩序。

◆ 1987 年 5 月 17 日，第五届世界羽毛球锦标赛在北京开幕。中国选手创造了世界锦标赛史上的奇迹，夺得了全部五个项目的冠军。

◆ 位于北京海淀的良友租书店，店铺很小，外面整齐地摆放着一排排小人书，如言情小说和武侠小说之类的。喜欢哪本书，就可以把它抽下来，老板会记录在本子上，租客需要支付给老板押金，租金按日计算。

◆ 1987 年，手机进入中国时，被人们称为“大哥大”。在 20 世纪 80 年代末至 90 年代，“大哥大”这三个字所携带的信息是明确的，它是一个人身份地位和财富的象征，做生意的人手上拿着一个“大哥大”，就会多得到一份尊重，谈生意也会变得比较轻松。

相信未来

郭路生

当蜘蛛网无情地查封了我的炉台，当灰烬的余烟叹息着贫困的悲哀，
我依然固执地铺平失望的灰烬，用美丽的雪花写下：相信未来。
当我的葡萄化为深秋的露水，当我的鲜花依偎在别人的情怀，
我依然固执地用凝霜的枯藤，在凄凉的大地上写下：相信未来。
我要用手指那涌向天边的排浪，我要用手掌那托住太阳的大海，
摇曳着曙光那枝温暖漂亮的笔杆，用孩子的笔体写下：相信未来。
我之所以坚定地相信未来，是我相信未来人们的眼睛——
她有拨开历史风尘的睫毛，她有看透岁月篇章的瞳孔。
不管人们对于我们腐烂的皮肉，那些迷途的惆怅，失败的痛苦，
是寄予感动的热泪，深切的同情，还是给以轻蔑的微笑，辛辣的嘲讽。
我坚信人们对于我们的脊骨，那无数次的探索、迷途、失败和成功，
一定会给予热情、客观、公正的评定。是的，我焦急地等待着他们的评定。
朋友，坚定地相信未来吧，相信不屈不挠的努力，
相信战胜死亡的年轻，相信未来，相信生命。

中国40年

1988

◆ 1988 年，邓小平同志根据当代科学技术发展的趋势和现状，提出了“科学技术是第一生产力”的著名论断。邓小平同志的这一论断，体现了马克思主义的生产力理论和科学观。“科学技术是第一生产力”，既是现代科学技术发展的重要特点，也是科学技术发展的必然结果。

◆ 1988 年，平安保险公司成为中国第一家股份制保险企业。3 月 21 日，由深圳蛇口工业区社会保险公司和中国工商银行深圳信托投资公司分别出资 49% 和 51%，合资成立“平安保险公司”。5 月 27 日上午，平安保险公司在深圳特区招商局蛇口工业区招商路北六栋举行开业典礼。这一天被定为“平安司庆日”。平安的诞生，将市场竞争机制引入保险市场，在中国保险史上具有里程碑的意义。

◆ 1988 年，影片《红高粱》横空出世，一举夺得第 38 届柏林国际电影节金熊奖，震惊了世界影坛，“惊醒了西方人对中国电影所持的蔑视与迷幻”。这是中国第一部走出国门并荣获国际 A 级电影节大奖的影片，仿佛整个中国都在扬眉吐气。

◆ 1988 年 1 月 1 日，北京国际旅游年的第一天，天安门城楼正式向中国、向世界广大人民开放。这一天早晨 7 点多，天安门登楼售票处前，第一位客人站在了售票窗口前。9 点整，第一张参观券售出。

◆ 1988 年 1 月 18 日—3 月 14 日，中国海军舰队先后进驻南沙群岛南端尹庆群礁中的华阳礁，南沙群岛中部九章群礁边缘的赤瓜礁和东门礁、郑和群礁西南的南意礁，南沙群岛北端中业群礁西南的澄碧礁。在中国海军军舰的警戒和保卫下，中国施工部队在永暑礁正式开工建设第 74 号海洋观测站，这是 1987 年 2 月联合国教科文组织授权中国实施的合法行为。

◆ 1988 年 4 月，海峡两岸交往破冰，亚洲大专辩论会在新加坡举行，上海复旦大学代表队的罗洁、顾刚、鲍勇剑、李光斗在教练王沪宁的带领下击败中国台湾大学代表队，荣获冠军。大决赛辩论题目为“儒家思想可以抵御西方歪风”，反方复旦队最终以“抵御西方歪风要靠综合治理”的论点获得胜利。

◆ 1988 年 9 月 14 日至 27 日，中国核潜艇向预定海域发射运载火箭试验获得圆满成功，从而使中国核潜艇真正具备了核打击的能力。它标志着中国的国防尖端技术又跃到一个新水平。战略导弹核潜艇的研制成功，在新中国军事科技史上，是一项不亚于“两弹一星”的重大成就，由此使我国拥有陆基、空基、潜基“三位一体”的战略核力量，巩固了中国的大国地位。

◆ 中国人民解放军军歌，歌名为《中国人民解放军进行曲》。原为《八路军进行曲》，由张松如（公木）作词，郑律成作曲，创作于 1939 年，是组歌《八路军大合唱》中的一首。解放战争时期，《八路军进行曲》被更名为《中国人民解放军进行曲》，歌词略有改动。1988 年 7 月 25 日，中共中央军事委员会确定其为中国人民解放军军歌。

◆ 中国第一座高能加速器——北京正负电子对撞机组装成功。10 月 24 日，邓小平在视察正负电子对撞机工程时指出：“过去也好，今天也好，将来也好，中国必须发展自己的高科技，在世界高科技领域占有一席之地。”

◆ 一个老大爷穿着补满了补丁的衣服，咬着烟斗站在街边上，旁边放着一些破旧的锅——这位大爷是一个补锅师傅。在二三十年前，可以看到一些补锅的师傅挑着担子走街串巷，家里有破锅烂壶漏盆的，就找补锅师傅修好。

◆ 几个学生在溜冰场上滑冰。在那个网络不发达的年代，滑旱冰是中小学生喜欢玩的一项活动，旱冰场成了同学间最好的联谊场所。

从前慢

木心

记得早先少年时
大家诚诚恳恳
说一句 是一句
清早上火车站
长街黑暗无行人
卖豆浆的小店冒着热气
从前的日色变得慢
车，马，邮件都慢
一生只够爱一个人
从前的锁也好看
钥匙精美有样子
你锁了 人家就懂了

中国
40
1978—2018
年

中国40年

1989

◆ 首届全国“十佳少先队员”评选在北京揭晓，赖宁等 10 名少先队员获得全国“十佳少先队员”称号。此项评选活动由共青团中央、全国少工委和中央电视台联合举办，每两年评选一次。

◆ 1989 年 10 月 30 日，中国青基会召开“救助贫困地区失学少年”新闻发布会。时任中国青基会理事长刘延东在会上宣布，建立我国第一个“救助贫困地区失学少年基金”，长期实施“希望工程”；副理事长张宝顺、李克强、刘奇葆及国家教委有关方面负责人出席了新闻发布会。人民日报、中央电视台等 10 余家媒体作了报道。

◆ 1989 年，广州教育路迎春花市。

◆ 1989 年春节，广西柳州市的一群小朋友在放鞭炮。小孩子非常盼望着过年，过年有新衣服穿，有红包拿，有糖吃，还可以放鞭炮。

◆ 一群小学生去春游。

◆ 广州第十甫路，一对年轻情侣好奇地看着橱窗里的西式婚纱。

我们去寻找一盏灯

顾城

走了那么远
我们去寻找一盏灯
你说
它在窗帘后面　　被纯白的墙壁围绕
从黄昏迁来的野花　将变成另一种颜色
走了那么远
我们去寻找一盏灯
你说
它在一个小站上　　注视着周围的荒草
让列车静静驰过　　带走温和的记忆
走了那么远
我们去寻找一盏灯
你说
它就在大海旁边　　像金橘那么美丽
所有喜欢它的孩子　都将在早晨长大
走了那么远
我们去寻找一盏灯

中国40年

1990

◆ 1990年9月22日下午，举世瞩目的第11届亚洲运动会开幕式在北京工人体育场隆重开幕。36个国家和地区的体育代表团的5200名运动员参加27个比赛项目和2个表演项目的角逐，经过14天的激烈竞赛，亚洲各国运动员创下一连串辉煌的纪录。中国选手喜获大面积丰收，金牌和奖牌总数均居第一。

◆ 1990 年 4 月，在美国西雅图举行的友好运动会上，年仅 13 岁的伏明霞以 443.04 分的成绩获得女子 10 米跳台金牌，成为年龄最小的跳水世界冠军。

◆ 1990年4月7日北京时间21时30分，我国自行研制的“长征三号”运载火箭在西昌卫星发射中心成功地发射了“亚洲一号”卫星。火箭发射升空后，一、二级火箭先后成功脱落，三级火箭相继两次点火，载着“亚洲一号”卫星在太空飞行。三级火箭工作16分钟以后，星箭分离，卫星进入近地点距地球200千米、远地点距地球36000多千米的大椭圆轨道，从而成功地把我国首次承揽发射的外国卫星送上太空。亚洲一号卫星对亚洲各国、各地区的广播电视和卫星通信事业的发展起到了极大的推动作用，在亚洲地区卫星通信发展史上具有不可磨灭的历史意义，同时也为中国航天事业的发展做出了巨大贡献。

◆“举国皆哀刘慧芳，举国皆骂王沪生，万众皆叹宋大成”，成为 1990 年底的一道独特风景。一部感动千万人、轰动全国的电视剧——《渴望》被称为中国电视剧发展的历史性转折，它创下的巅峰效应成为一个时代的神话。

◆ 1990 年，华西村村民开着小汽车出门办事。华西村隶属于江苏省江阴市华士镇，被称为“天下第一村”，是中国最富裕的 6 个村子之一。在 20 世纪 90 年代初，我国农村大部分家庭的交通工具还是自行车，拥有摩托车的都非常少，而华西村却已经每个家庭都有汽车了，经济条件比城里大部分家庭还好。

◆ 在广州天河体育馆举办的首届青年时装设计大赛，同台异韵。

◆ 1990 年，内蒙古牧民苏雅勒的家，正在打电话的是苏雅勒，旁边是她的妈妈和儿子。苏雅勒高中毕业后回家乡发展养殖业和跑运输，每年为家里带来 1.5 万元左右的收入，为家里添置了电视机、电话、收音机等家电产品，她家成了“万元户”。在那个时候，我国的人均年收入也才两三千元。

◆ 北京一个市民用一辆小三轮车载着刚买的一张新沙发，他的儿子坐在后面的沙发上，要是现在没人放心让孩子自己坐在后面。20 世纪八九十年代，改革开放后，人们的经济条件提高了，对生活也开始有了更多追求，很多人开始为家里增添一些家具或家电。

青春

席慕容

所有的结局都已写好
所有的泪水也都已启程
却忽然忘了是怎么样的一个开始
在那个古老的不再回来的夏日
无论我如何去追索
年轻的你只如云影掠过
而你微笑的面容极浅极淡
逐渐隐没在日落后的群岚
遂翻开那发黄的扉页
命运将它装订得极为拙劣
含着泪我一读再读
却不得不承认
青春是一本太仓促的书

中国40年

—★—

1991

◆ 1991 年 1 月 11 日的《人民日报》报道，中国计量科学研究院研制的铯原子基准钟，其精确度相当于在 10 万年内误差 1 秒。这一成果的取得标志着我国的时间频率计量已达到国际先进水平。

◆ 小浪底大型水利枢纽前期工程正式开工。小浪底位于古都洛阳以北 40 千米的黄河干流上，是万里黄河最后一段峡谷。小浪底水利枢纽工程上距三门峡水库工程 130 千米，下距郑州花园口 128 千米。大坝顶长 1317 米，最大坝高 154 米，属黏土斜心墙堆石坝，在全国首屈一指，位列世界前 8 名。

◆ 秦山核电站是中国自行设计、建造和运营管理的第一座30万千瓦压水堆核电站，一期工程由核工业部主导推进，于1985年动工，1991年12月首次实现并网发电，成为当时中国大陆投产的唯一一套核电机组。机组在测试运行了两年之后，正式投入商业运营。

◆《撒哈拉的故事》，逝去的三毛。

◆ 20 世纪 90 年代初，一部“大哥大”需要两万多元，对于每个月只有 300 多元的工薪阶层来说，简直是可望不可及。我们现在用的手机除了打电话，还有非常多的功能，但是当年的“大哥大”只能用来打电话，而且打通一个电话需要花费很长时间，通话质量还不好。不过，即使这样，它还是得到很多有钱人的追捧。它一度成为成功人士的标配、身份和地位的象征，它的炫耀功能大过了通话功能。

◆ 一对夫妻，女子戴着遮阳帽，男子腰间别着一个 BP 机。20 世纪 90 年代初，人们以拥有一台 BP 机为荣，拥有 BP 机需要有一定的经济基础。当时，BP 机使用者最流行的一句口头禅就是“有事你呼我”，现在 BP 机已经消失得无影无踪了。

有一片枫叶飘来我的手里

章平

有一片枫叶　飘来我的手里
脉络清丽如雪地脚迹
干净如秋夜不带杂质
躺卧的姿势
啊！多么安静　多么舒适
像浪子找到了居所
我说，我带你回去？！
藏你进一本诗集
再编个故事自己来听　和你恋爱一次
啊！还有许多月夜　还有许多月夜
看月光如何泼湿了影子
呵，她为什么飘来？
我又为什么遇上？
飘来的飘来　遇上的遇上
呵，找个人解答去吗？　解答的人睡在风里
风在落叶的梦里
梦在我们的睡眠里

中国40年

— ★ —

1992

◆ 中国人民银行宣布，自 1992 年 6 月 1 日起，在全国范围内发行一元、五角、一角金属人民币。

◆ 1992 年 6 月 20 日，中国乐凯集团公司在河北省保定市宣告成立。中国乐凯集团公司是国务院国有资产监督管理委员会出资的大型国有企业，是我国影像信息记录产业中规模最大、技术力量最强、产品品种最多、市场覆盖面最广、跨地区的现代化企业，也是我国特种感光材料研制、开发和生产制造基地。

◆ 1992 年，五羊本田 -125 摩托车成为梦想坐骑，随后风靡 20 余年。

◆ 一个男子骑着三轮车到街上卖盒饭，这是一个流动摊点。那些卖盒饭的流动小贩，往往是在街边就近设摊。20 世纪 90 年代是盒饭的鼎盛时期，在一些车站码头、医院门口、闹市区的街边巷口，凡是人多的地方都能看见卖盒饭的，那些盒饭都是使用白色的泡沫塑料盒装饭菜。

◆ 公交车上的女售票员。在 20 世纪八九十年代，公交车售票员是一份让人羡慕的职业。售票员的主要工作是售票、报站，一般还是比较轻松的，但是要是遇到高峰期，乘客多的时候就痛苦了，他们要在拥挤的车厢里穿梭售票。如今，公交车售票都改成自动投币或者刷卡，公交车售票员这个职业也随之消失了。

◆ 不一样的车展形式，一样的拍照人群。

◆ 1992 年 12 月 21 日，在西昌卫星发射中心，中国用“长征二号”捆绑火箭为澳大利亚发射通信卫星，五粮液、万家乐、小霸王等国内著名品牌的广告矗立在发射架上，这是世界上首次太空发射现场广告。

祖国啊我亲爱的祖国

舒婷

我是你河边上破旧的老水车，数百年来纺着疲惫的歌；
我是你额上熏黑的矿灯，照你在历史的隧洞里蜗行摸索；
我是干瘪的稻穗，是失修的路基；
是淤滩上的驳船　　把纤绳深深
勒进你的肩膊，
——祖国啊！

我是贫困，我是悲哀
我是你祖祖辈辈　　痛苦的希望啊，
是“飞天”袖间
千百年来未落到地面的花朵，
——祖国啊！

我是你簇新的理想，刚从神话的蛛网里挣脱；
我是你雪被下古莲的胚芽；是你挂着眼泪的笑涡；
我是新刷出的雪白的起跑线；是绯红的黎明
正在喷薄；
——祖国啊！

我是你十亿分之一，是你九百六十万平方的总和；
你以伤痕累累的乳房　　喂养了　　迷惘的我、深思的我、沸腾的我；
那就从我的血肉之躯上　　去取得　　你的富饶、你的荣光、你的自由；
——祖国啊，
我亲爱的祖国！

中国40年
1978—2018

中国40年

★

1993

◆ 1993 年，北京迎来烟花鞭炮禁放。 前所未有的代价，让禁放呼吁再度鼎沸，大量市民痛陈，过年如同过“关”！ 也有人对比南方一些城市坚决禁放的实例，认为北京不能再落后。300 多名人大代表和政协委员提出议案提案，要求北京禁放。

1993 年 7 月末，《北京市关于禁止燃放烟花爆竹的规定》草案递交市人大常委会审议；8 月 4 日，草案发布并请全社会参与讨论。对立法禁放，多数意见是“举双手赞成”。北京市人大常委会在 8 个城区发了 8 万多份问卷，84.6% 的人明确支持。10 月 12 日，禁放规定获市人大常委会通过，东城、西城、崇文、宣武四个城区全部地区和朝阳、海淀、丰台、石景山区大部分地区禁放，于 12 月 1 日起实施。

◆ 上海杨浦大桥历时仅 2 年 5 个月，于 1993 年 9 月 15 日建成，并于同年 10 月 23 日通车。杨浦大桥犹如一道横跨黄浦江的彩虹，挺拔高耸的 208 米主塔似一把利剑直刺穹苍，塔的两侧 32 对钢索连接主梁，呈扇面展开，如巨型琴弦，正弹奏着巨龙腾飞的奏鸣曲。全桥设计精巧、造型优美、气势恢宏，是上海著名的旅游景观。邓小平同志亲自为大桥题写了桥名，他以 88 岁高龄登上杨浦大桥时感慨地说：“喜看今日路，胜读万年书。”

◆ 1993年，王军霞在世界田径锦标赛上获得10000米金牌，同年在全运会上打破了女子3000米和10000米的世界纪录。

◆ 我国第一个与体委脱钩，由企业自主管理的足球俱乐部——上海申花足球俱乐部诞生，标志着我国足球运动开始迈向职业化。

◆ 位于北京市永定门内大街的天桥百货商场前面有一个自行车停放处，停放了很多自行车——在20世纪90年代初市民出行的主要交通工具还是自行车。北京天桥百货商场曾经是新中国“骨灰级”的零售商业代表，曾获得“全国第一面商业红旗”的殊荣，并且在1993年上市，成为北京第一批上市公司之一。

◆ 北京申办 2000 年奥运会，在宣布结果前人们挥舞着国旗为祖国加油，全国民众翘首盼望着北京此次申奥成功。但是，1993 年 9 月 23 日，国际奥委会主席萨马兰奇在蒙特卡洛路易二世体育馆宣布悉尼获得了 2000 年奥运会主办权，北京仅以两票之差落选了，很多人流下了伤心的眼泪。

初相遇

席慕蓉

美丽的梦和美丽的诗一样，
都是可遇而不可求的，
常常在最没能料到的时刻里出现。
我喜欢那样的梦，
在梦里 一切都可以重新开始，
一切都可以慢慢解释，
心里甚至还能感觉到，
所有被浪费的时光，
竟然都能重回时的狂喜和感激。
胸怀中满溢着幸福，
只因为你就在我眼前，
对我微笑，一如当年。
我真喜欢那样的梦，
明明知道你已为我跋涉千里，
却又觉得芳草鲜美，落英缤纷，
好像你我才初初相遇。

中国40年

1994

◆ 三峡工程是中国有史以来建设的最大型工程项目。从三峡工程正式开工建设至今，已是二十余载时光。

◆ 中国外汇交易中心（China Foreign Exchange Trade System，简称CFETS）暨全国银行间同业拆借中心（简称交易中心）于1994年4月18日成立，是中国人民银行总行直属事业单位，主要职能是：为银行间货币市场、债券市场、外汇市场的现货及衍生产品提供交易、交易后处理、信息、基准、培训等服务；承担市场交易的日常监测工作；为中央银行货币政策操作、传导提供服务；根据中国人民银行的授权，发布人民币汇率中间价、上海银行间同业拆放利率（Shibor）、贷款基础利率（LPR）、人民币参考汇率、CFETS人民币汇率指数等；提供与业务相关的信息、查询、咨询、培训服务；经中国人民银行批准的其他业务。

◆ 中国引进外国资金、先进设备和技术建设的第一座大型核电站——广东大亚湾核电站一号机组正式投入商业运行。

◆ 上海浦东新区陆家嘴，隔江面对着上海外滩。位于陆家嘴的超高建筑“东方明珠广播电视塔”一枝独秀，特别显眼。东方明珠于 1991 年开始兴建，1994 年竣工，1995 年正式投入使用，塔高大约 468 米，是上海的第一座超高层建筑。

◆ 20 世纪 90 年代很多城市开始不断开发，图中一个大爷站在即将被拆迁的小平房旁，附近已经开始建高楼大厦。城市里的大规模拆迁让很多因为房子被拆迁的普通家庭一夜之间变成了千万富豪。

◆ 买得起汽车，还养得起宠物狗，一定收入不菲。

◆ 1994 年 10 月，成龙首次为内地品牌代言，《小霸王学习机 · 望子成龙篇》广告问世。“同样天下父母心，望子成龙小霸王”，一句精炼的广告语成为 20 多年来中国人记忆最深刻的广告之一，更创下了“小霸王”学习机单品年销量 10 亿元的销售神话。受国民平均消费水平还很低等因素制约，当时真正的计算机仍高高在上，许多人要想使用计算机，只能换上拖鞋进大学或单位的机房苦苦轮候排队上机。学习机的出现恰好创造并填补了市场的新需要，为以后许多人的“计算机生涯”做好了基本的知识和技能储备，掌握了当时计算机应用中接近 70% 的操作技能。作为一个跨越手写时代与计算机时代的承前启后的里程碑式的产品，学习机甚至推动了一个职业的发展，促进了就业。当时的女孩子用小霸王学习机学会打字，就能找到不错的工作。

等你 在雨中

余光中

等你，在雨中，在造虹的雨中
蝉声沉落，蛙声升起
一池的红莲如红焰，在雨中
你来不来都一样，竟感觉
每朵莲都像你
尤其隔着黄昏，隔着这样的细雨
永恒，刹那，刹那，永恒
等你，在时间之外，
在时间之外，等你，在刹那，在永恒
如果你的手在我的手里，此刻
如果你的清芬
在我的鼻孔，我会说，小情人
诺，这只手应该采莲，在吴宫
这只手应该
摇一柄桂桨，在木兰舟中
一颗星悬在科学馆的飞檐
耳坠子一般的悬着
瑞士表说都七点了。忽然你走来
步雨后的红莲，翩翩，你走来
像一首小令
从一则爱情的典故里你走来
从姜白石的词里，有韵地，你走来

中国40年

1995

◆ 1995 年，位梦华作为总领队，率领中国首次远征北极点科学考察队胜利进入北极中心地区，把五星红旗插上了北极点。这一活动被评为 1995 年中国十大科技新闻之首，并为中国加入国际北极科学委员会创造了条件。

◆ 1995 年 2 月 12 日，国家体委任命郎平为中国女排主教练。

◆ 1995 年 4 月 7 日，《人民日报》发表长篇通讯《领导干部的楷模——孔繁森》。孔繁森的感人事迹，随即传遍千家万户。

◆ 1995 年 4 月 13 日，中国第一架超音速无人驾驶飞机在空军某试验基地试飞成功。据悉，这架超音速无人驾驶飞机是由空军某试验基地历时 4 年研制成功的。飞机在地面人员的遥控指挥下，可以完成离陆、跃升、盘旋、超低空飞行等各类动作。新中国第一架超音速无人驾驶飞机的试飞成功，标志着中国无人驾驶飞机的研制已跨入世界先进行列。

◆ 1995 年 5 月 1 日，东方明珠广播电视塔正式启用。东方明珠广播电视塔是国家首批 AAAAA 级旅游景区。塔内有太空舱、旋转餐厅、上海城市历史发展陈列馆等景观和设施。该塔于 1995 年被列入上海十大新景观之一。

◆ 1995 年 10 月 8 日，中国选手李小双在日本鲭江举行的世界体操锦标赛男子个人全能比赛中，以 57.998 分的成绩夺得冠军。这是中国队在世界体操锦标赛 90 多年的历史中首次夺得个人全能冠军。

◆ 1995 年 12 月 20 日，我国首座现代化大型悬索桥——海湾大桥在汕头竣工。它是我国第一座大型预应力混凝土悬索桥，从设计到施工所面临的技术难题和所进行的技术创造，为我国现代悬索桥技术的发展奠定了基础。

叫我如何不想她

刘半农

天上飘着些微云，地上吹着些微风。
啊！
微风吹动了我头发，教我如何不想她？
月光恋爱着海洋，海洋恋爱着月光。
啊！
这般蜜也似的银夜，教我如何不想她？
水面落花慢慢流，水底鱼儿慢慢游。
啊！
燕子你说些什么话？教我如何不想她？
枯树在冷风里摇，野火在暮色中烧。
啊！
西天还有些儿残霞，教我如何不想她？

中国40年
1978—2018

中国40年

1996

◆ 1996 年 9 月 1 日，北京西站一列挂着“北京西—深圳”方向牌的列车，缓缓驶出站台。这标志着继世瞩目的京九铁路全线正式开通运营。

◆ 1996 年 10 月 14 日《时代》第 148 期，中国著名歌手王菲成为封面人物。王菲被杂志誉为“流行乐女王”，全文报道王菲出道至走红经历。王菲成为首位登上《时代》封面的华人歌手，该消息在当年被传媒广为报道，轰动一时。

◆ 1996 年 1 月 12 日，中国第一家由民间资本设立的全国性商业银行，中国民生银行股份公司成立。

◆ 1996 年 5 月 18 日，中国第一个煤炭地下气化工业性试验基地——唐山刘庄煤矿两座地下气化炉点火成功。这标志中国在煤炭地下气化这一领域已跻身世界前列。煤炭地下气化属于洁净煤技术，是使地下煤炭转化为可燃气体的高新技术，被誉为“采煤史上的一次革命”和“第二代采煤法”。

◆ 1996 年 10 月 19 日，我国第一艘热气飞艇——“中华 1 号”在北京首飞并成功升空。

◆ 在迪厅里蹦迪的男男女女。在 20 世纪 90 年代，迪厅是追求时尚的年轻男女最喜欢光顾的娱乐场所，很多上班族来这里是为了宣泄和释放压力。

◆ 一个七八岁的小女孩站在天安门广场上留影。小女孩穿着红色的衣服，扎着两个小马尾，站在国旗前面，微笑地看着镜头，非常可爱。

爱情故事

北岛

毕竟，只有一个世界
为我们准备了成熟的夏天
我们却按成年人的规则
继续着孩子的游戏
不在乎倒在路旁的人
也不在乎搁浅的船
然而，造福于恋人的阳光
也在劳动者的脊背上
铺下漆黑而疲倦的夜晚
即使在约会的小路上
也会有仇人的目光相遇时
降落的冰霜
这不再是一个简单的故事
在这个故事中
有你和我，还有很多人

中国
40
年
1978—2018

中国40年

★

1997

◆ 1997 年 7 月 1 日零点，中华人民共和国国旗和香港特别行政区区旗在香港升起，

经历了百年沧桑的香港回到祖国的怀抱，中国政府开始对香港恢复行使主权。

◆ 1997 年 9 月 19 日，我国首次派出车队参加 WRC（世界拉力锦标赛）。在这支名为“555”的车队中，既有从 20 世纪 70 年代便开始接触摩托车、汽车赛事的羡桐春，也有出生于 1969 年，当时年仅 28 岁的周勇。而他们报名参加的正是从 19—21 日在印度尼西亚举行的 WRC 第 11 站比赛。

◆ 1997 年 1 月 28 日上午 10 时许，一代名舰——中山舰在湖北省武昌金口镇附近长江水域缓缓浮出水面，历时 70 多天的中山舰整体打捞工作至此圆满完成。中山舰在我国近现代历史上具有极其特殊的历史价值，是中华民族和世界人民珍贵的历史文化遗产。

◆ 1997 年 1 月 28 日，我国北方城市哈尔滨和俄罗斯远东城市哈巴罗夫斯克结束了长期以来通信经北京和莫斯科接转的历史，通过光缆将中俄光缆开通仪式的电视图像直接传递到对方，也标志着我国第一条国际陆地光缆正式开通。中俄光缆的建成和开通，将促进两国政治、经济、文化的交流以及两国人民之间的友好交往，并极大地改善和促进中俄之间的国际通信业务。

◆ 夏天的街头，有很多摆摊的在街上卖东西。其中，有一对夫妇骑着一辆三轮车带着三个小孩在街上卖桃子，边做生意边带小孩，生活虽然艰辛，但一家人其乐融融。

无怨的青春

席慕蓉

在年轻的时候，
如果你爱上了一个人，
请你一定要温柔地对待他。
不管你们相爱的时间有多长或多短，
若你们能始终温柔地相待，
那么，所有的时刻都将是一种无瑕的美丽。
若不得不分离，
也要好好地说声再见，
也要在心里存着感谢，
感谢他给了你一份记忆。
长大了以后，你才会知道，
在蓦然回首的刹那，
没有怨恨的青春 才会了无遗憾，
如山岗上那轮静静的满月。

中国40年

★

1998

◆ 1998 年 4 月 17 日，我国科学家首次确认，最深处达 5382 米的雅鲁藏布江大峡谷是地球上最深的峡谷。从此，曾经被称为世界第一大峡谷的深达 3200 米的秘鲁科尔卡大峡谷将退居次要地位。

◆ 1998 年，湖北荆江大堤告急，抗洪救灾，众志成城。

◆ 1998年3月20日，北京大学登山队启程赴西藏，攀登世界第六大高峰卓奥友峰。4月21日，北京大学3名学生成功登上了8201米的卓奥友峰，首创世界大学生海拔8000米以上登山纪录。

◆ 1998 年 4 月 21 日，中国宣布不再允许任何形式的传销经营活动，已批准登记的最迟应于本年 10 月 31 日前办理变更或注销手续。至此，从 1990 年中美合资雅芳有限公司将传销引入开始，传销在中国经过了 9 年之后走到了尽头。

◆ 1998 年 11 月 11 日，马化腾和他大学时的同班同学张志东等正式注册成立“深圳市腾讯计算机系统有限公司”。

◆ 1998 年 10 月 15 日，来自海内外的近万名太极拳爱好者汇聚于天安门广场，举行规模空前的太极拳表演，以纪念邓小平题词“太极拳好”20 周年和中国武术协会成立 40 周年。

再别康桥

徐志摩

轻轻的我走了，正如我轻轻的来；
我轻轻的招手，作别西天的云彩。
那河畔的金柳，是夕阳中的新娘；
波光里的艳影，在我的心头荡漾。
软泥上的青荇，油油的在水底招摇；
在康河的柔波里，我甘心做一条水草！
那榆荫下的一潭，不是清泉，是天上虹；
揉碎在浮藻间，沉淀着彩虹似的梦。
寻梦？撑一支长篙，向青草更青处漫溯，
满载一船星辉，在星辉斑斓里放歌。
但我不能放歌，悄悄是别离的笙箫；
夏虫也为我沉默，沉默是今晚的康桥！
悄悄的我走了，正如我悄悄的来；
我挥一挥衣袖，不带走一片云彩。

中国40年

1999

◆ 1999年12月20日零时，中葡两国政府在澳门文化中心举行政权交接仪式，中国政府对澳门恢复行使主权，澳门回归祖国。这是继1997年7月1日香港回归祖国之后，中华民族在实现祖国统一大业中的又一盛事。此后每年12月20日澳门都举行纪念活动，逢五周年也是新任特首宣誓就职的日子。

◆ 1999 年 5 月 7 日，以美国为首的北约悍然对南联盟进行轰炸，用导弹野蛮袭击了我国驻南联盟大使馆，造成正在使馆中工作的新华社记者邵云环、《光明日报》记者许杏虎、朱颖不幸牺牲，同时炸伤数十人，使馆馆舍严重损毁。

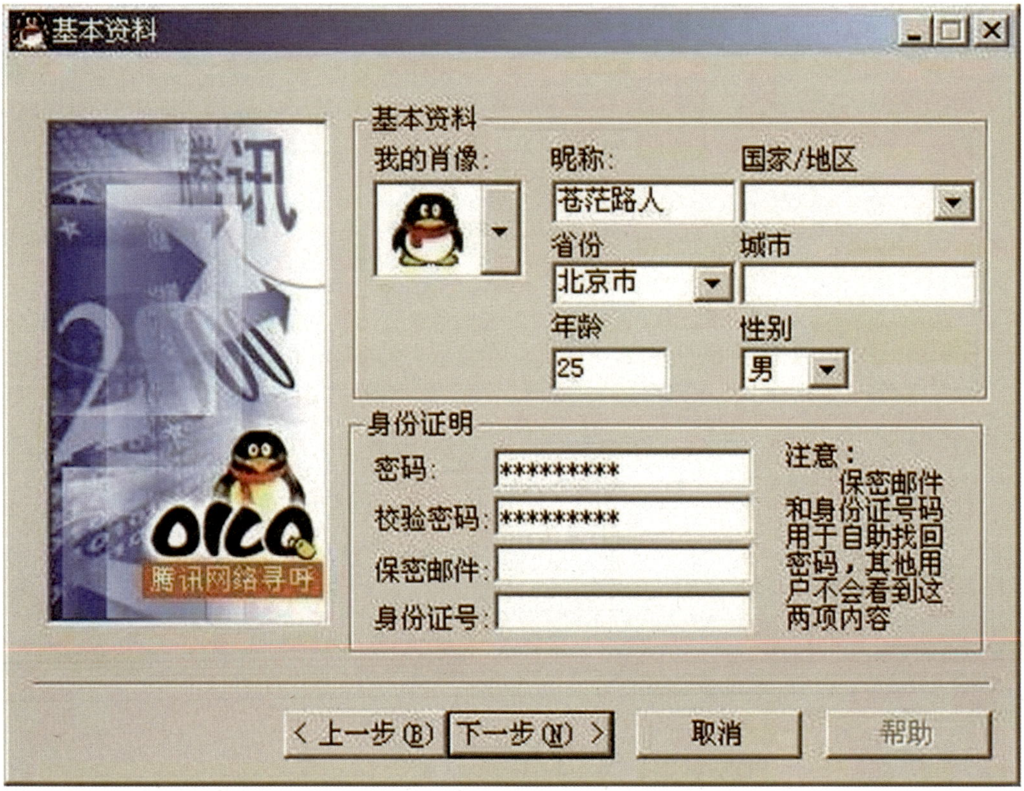

◆ 1999 年，一款名叫 OICQ 的软件开始流行，当时谁都不会料到腾讯将会成为一个商业帝国。

◆ 1999 年 9 月 18 日，中共中央国务院中央军委决定表彰为研制“两弹一星”作出突出贡献的科技专家并授予“两弹一星功勋奖章”。在中华人民共和国 50 年的光辉历程中，“两弹一星”的研制成功，是中华民族为之自豪的伟大成就。20 世纪 50 年代中期，以毛泽东同志为核心的第一代党中央领导集体，根据当时的国际形势，为了保卫国家安全、维护世界和平，高瞻远瞩，果断地作出了独立自主研制“两弹一星”的战略决策。大批优秀的科技工作者，包括许多在国外已经有杰出成就的科学家，怀着对新中国的满腔热爱，响应党和国家的召唤，义无反顾地投身到这一神圣而伟大的事业中来。

◆ 拆迁中的胡同。

◆ 颐和园，跳舞的人们。

雨中的了悟

席慕蓉

如果雨之后还是雨
如果忧伤之后仍是忧伤
请让我从容面对这别离之后的
别离 微笑地继续去寻找
一个不可能再出现的 你

中国40年

—★—

2000

◆ 2000年8月17日上午，运送三峡库区首批跨省市移民集体外迁上海崇明的“江渝9号”轮，经过2000多公里近4天4夜的航行，抵达上海崇明。639名移民由各有关乡镇负责统一用客车运送到崇明的新家。上海市有关部门向三峡移民发放了土地承包证和房地产权证。他们从此成了上海人！

◆ 2000 年 10 月 31 日，中国自行研制的第一颗导航定位卫星“北斗导航试验卫星”在西昌卫星发射中心发射成功。

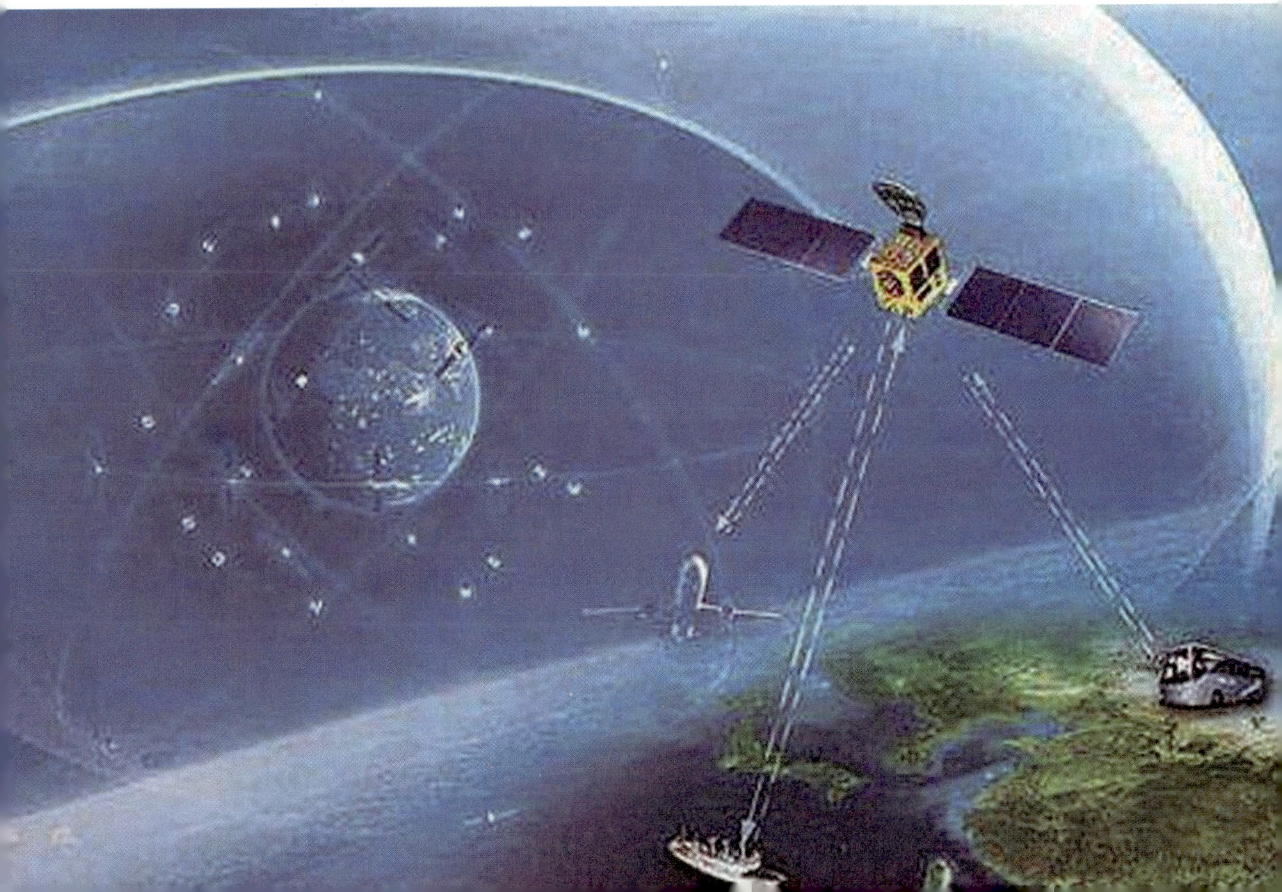

◆ 2000 年 12 月 26 日，中国第一条城市高架轨道交通线——上海轨道交通明珠线开通。

◆ 胡同里玩耍的孩子，那个时候的孩子们最喜欢聚在一起，玩各种游戏。

◆ 这是千禧年站在上海浦东东方明珠塔上瞭望的情景，旁边是正在建设之中的金茂大厦。

爱情

穆旦

爱情是个快破产的企业，
假如为了维护自己的信誉；
它雇佣的是些美丽的谎，
向头脑去推销它的威力。
爱情总使用太冷酷的阴谋，
让狡狯的欲望都向她供奉。
有的膜拜她，有的就识破，
给她热情的大厦吹进冷风。
爱情的资本变得越来越少，
假如她聚起了一切热情；
只准理智说是，不准说不，
然后资助它到月球去旅行。
虽然她有一座石筑的银行，
但经不起心灵秘密的抖颤，
别看忠诚包围着笑容，
行动的手却悄悄地提取存款。

中国40年
1978—2018
跨境商品
新闻联播
XINWEN LIANBO

中国40年

★

2001

◆ 国家天文台2001年4月25日在京成立，这标志着我国天文学发展进入一个里程碑式的新阶段。国家天文台由分布于全国的八大天文台、站与高等院校合建的四个天文和天体物理中心整合而成。其主要任务是：统筹我国天文学科发展布局、运行大中型观测设备和承担国家级大科学工程建设项目；负责科研工作的宏观协调和指导；优化资源和人才配置；与高等院校结合形成若干研究中心，充分发挥天文观测、研究和学科交叉融合的优势。

◆ 2001 年 7 月 13 日北京时间 22：00，万众瞩目的 2008 年奥运会举办城市终于在莫斯科国际奥委会第 112 次全会中揭晓。萨马兰奇雄浑的宣告声中只有一个名字：BEIJING! 中国北京凭借其过人的优势、完美的陈述报告，在 5 个 2008 年奥运会申办城市中脱颖而出，夺得 2008 年奥运会举办权。

◆ 2001 年 10 月 7 日是一个值得记忆的日子，中国男足终于实现了冲进世界杯决赛圈的历史性进步。那天晚上，球场内外一片欢腾，人们积淀了 40 多年的世界杯之情在这一刻迸发了，球迷、球员、足协官员都按捺不住心中的喜悦，中国足协专职副主席阎世铎激动地宣称：中国足球进入了新的历史。

◆ 2001 年 10 月 13 日，我国第一款通用式计算机中央处理器（CPU）——“龙芯”问世。专家指出，虽“龙芯”的性能只与国际芯片业老大英特尔的奔腾 II 相当，但由于我国拥有完全的知识产权，所以对自主发展信息技术产业和国家安全具有重大意义。CPU 是计算机系统中的“心脏”。我国市场上的电脑，无论品牌为何，CPU 均来自境外，因而长期被称为“无芯”。

◆ 2001 年 11 月 11 日，中国加入世贸组织签字仪式在卡塔尔首都多哈举行。中国代表团团长石广生在入世协议上签字。2001 年 12 月 11 日，中国正式成为世贸组织成员。

◆ 大连街头英姿飒爽的女骑警。

众荷喧哗

洛夫

众荷喧哗
而你是挨我最近
最静，最最温婉的一朵
要看，就看荷去吧
我就喜欢看你撑着一把碧油伞
从水中升起
我向池心
轻轻扔过去一粒石子
你的脸
便哗然红了起来
惊起的
一只水鸟
如火焰般掠过对岸的柳枝
再靠近一些
只要再靠我近一点
便可听到
水珠在你掌心滴溜溜地转
你是喧哗的荷池中
一朵最最安静的
夕阳
蝉鸣依旧
依旧如你独立众荷中时的寂寂
我走了，走了一半又停住
等你
等你轻声唤我

中国40年

2002

◆ 2002 年 4 月 12 日，博鳌亚洲论坛首届年会在万泉河畔开幕，国务院总理朱镕基出席年会并发表致辞和主旨演讲。会议云集了来自中国、日本、韩国、泰国等 48 个国家和地区的政府官员、专家学者和企业界人士等共约 2000 人。

◆ 2002 年 4 月 25 日，原国土资源部副部长寿嘉华在北京宣布：我国辽宁省凌源市新发现的攀援始祖兽化石，最近被确认是世界最早的有胎盘类哺乳动物化石。这为真兽类（有胎盘）哺乳动物的起源和最早期演化提供了新的化石证据。

◆ 2002 年 6 月 16 日凌晨 2 时 40 分左右，北京市海淀区一非法营业的网吧发生火灾，造成 24 人死亡，13 人急救。事故发生后，党中央、国务院有关领导高度重视，指示北京市政府要全力抢救伤员，妥善处理善后事宜，迅速查明事故原因，并对全市网吧进行整顿。

◆ 2002 年 7 月 4 日，西气东输工程开工典礼在北京隆重举行。

◆ 2002 年 12 月 27 日，举世瞩目的南水北调工程开工典礼在北京人民大会堂和江苏省、山东省施工现场同时举行。

◆ 2002 年 12 月 3 日，中国上海赢得 2010 年世博会主办权。

◆ 世界杯国足首秀，现实很残酷。

◆ 2002 年，全美篮球协会（NBA）选秀前，姚明赴美国芝加哥参加公开训练。

一代人

顾城

黑夜给了我黑色的眼睛
我却用它寻找光明

中国40年

★

2003

◆ 2003 年 1 月 1 日，新的《婚姻登记条例》正式施行。“单位证明”退出历史舞台，是否婚检从强迫改为自愿。

◆ 2003 年 4 月 16 日，WHO 宣布，一种新型冠状病毒是 SARS 的病原，并将其命名为 SARS 冠状病毒（SARS-coronary virus,SARS-CoV）。该病毒很可能来源于动物，由于外界环境的改变和病毒适应性的增加而跨越种系屏障传染给人类，并实现了人与人之间的传播。

◆ 2003 年 5 月 10 日，淘宝网成立，由阿里巴巴集团投资创办。10 月，推出第三方支付工具“支付宝”，以“担保交易模式”使消费者对淘宝网上的交易产生信任。2003 年全年成交总额 3400 万元。

◆ 2003 年 8 月 5 日，中国人工繁育成活第一只大熊猫。

◆ “神舟五号”载人飞船是神舟号系列飞船中的第五艘，是中国首次发射的载人航天飞行器。它于 2003 年 10 月 15 日 9 时在酒泉卫星发射中心发射，将航天员杨利伟及一面具有特殊意义的中国国旗送入太空，2003 年 10 月 16 日 6 时 23 分返回。这标志着中国成为前苏联（俄罗斯）和美国之后的第三个将人类送上太空的国家。它是我国在航天技术上的又一座里程碑。

◆ 2003 年，对所有高三考生来说，不仅面临着第一年高考提前一个月进行，而且又遇上“非典”肆虐，可以想象他们身上所承受的压力。图为北京昌平区一中学门口，班主任用红外测温仪为每位同学测体温。

小小的岛

郑愁予

你住的小小的岛我正思念
那儿属於热带，属於青青的国度
浅沙上，老是栖息著五色的鱼群
小鸟跳响在枝上，如琴键的起落
那儿的山崖都爱凝望，披垂著长藤如发
那儿的草地都善等待，铺缀著野花如果盘
那儿浴你的阳光是蓝的，海风是绿的
则你的健康是郁郁的，爱情是徐徐的
云的幽默与隐隐的雷笑
林丛的舞乐与冷冷的流歌
你住的那小小的岛我难描绘
难绘那儿的午寐有轻轻的地震
如果，我去了，将带着我的笛杖
那时我是牧童而你是小羊
要不，我去了，我便化做萤火虫
以我的一生为你点盏灯

中国40年

—★—

2004

◆ 中国大陆的冯锦华、张立昆等 7 名民间保钓人士首次成功登陆钓鱼岛。

◆ 中国北极黄河站，位于北纬 78° 55′ 、东经 11° 56′ 的挪威斯匹次卑尔根群岛的新奥尔松，是中国依据《斯瓦尔巴条约》1925 年缔约国地位而建立的首个北极科考站，成立于 2004 年 7 月 28 日。中国北极黄河站是中国继南极长城站、中山站两站后的第三座极地科考站，中国也成为第 8 个在挪威的斯匹次卑尔根群岛建立北极科考站的国家。值得称道的是，北极黄河站拥有全球极地科考站中规模最大的空间物理观测点。

◆ 中国田径选手刘翔在雅典奥运男子田径 110 米栏项目中以 12.91 秒的成绩夺得金牌，打破奥运会纪录，平了威尔士的科林 · 杰克逊在 1993 年创造的世界纪录，为中国夺得了第一块男子田径奥运会金牌。

◆ 我国目前运行超级计算机——峰值运算速度 11 万亿次每秒的曙光 4000A 在上海超级计算中心正式启动，标志着我国成为继美、日之后第三个跨越 10 万亿次计算机研发和应用的国家。

◆ 中国第一条跨海铁路粤海铁路客运正式开通。

◆ 12 月 8 日， 联想集团宣布，以总价 12.5 亿美元收购 IBM 的全球个人计算机（PC）业务。

◆ 白云国际机场，地勤在给飞机洗澡。

假如……

顾城

假如钟声响了
就请用羽毛
把我安葬
我将在冥夜中
编织一对
巨大的翅膀
在我眷恋的祖国上空
继续飞翔

中国40年
1978—2018
跨境商品

中国40年

★

2005

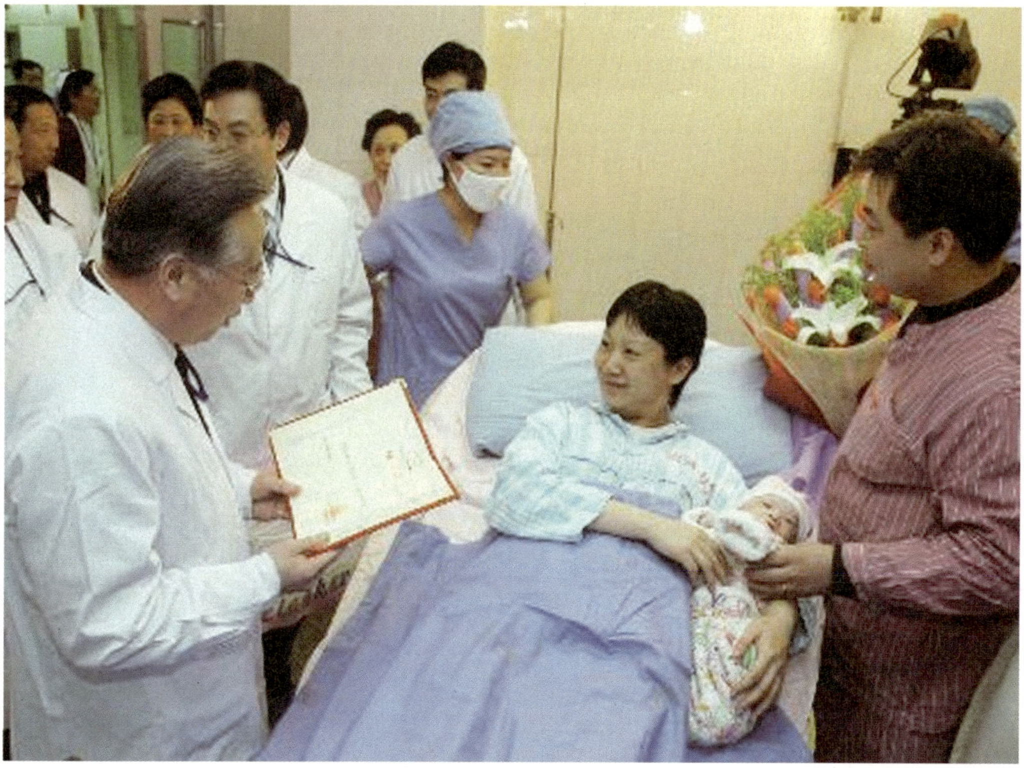

◆ 2005 年 1 月 6 日被国家有关方面确定为“13 亿人口日”。据国家统计局最新测算数据表明，2005 年 1 月 6 日，中国大陆总人口已达到 13 亿（不含香港、澳门特别行政区和台湾省）。在享誉京城的北京妇产医院，久候在休息室的京城各路记者们甚至比守候在产房外待产的家属们还要焦急。零点的钟声刚刚敲过，耐不住寂寞的记者们便骚动起来，无法进到产房目睹这一重要时刻的人们终于迎来了第 13 亿个公民出生的喜讯。

◆ 2005 年 9 月 12 日，香港迪士尼乐园成为中国第一座迪士尼主题公园。

◆ 2005 年 10 月 15 日，世界海拔最高的青藏铁路全线贯通，并于 2006 年 7 月份投入试运行，结束了西藏无铁路的历史。

◆“我的妈妈也在北京打工，二年没有回家了。”这是小男孩对着来自北京的我，哭着说的第一句话。像他这样几年没有见到爸爸妈妈的孩子还有很多。

◆ 一条 11 米长的拟须鲸在边防战士和附近群众的不懈努力下，从搁浅的启东东方农场游回大海，创造了奇迹。

◆ 成都的长途汽车站，一个婴儿在竹篓里等待去买票的妈妈。每年的这个时候，人们都忙着回家过春节 。

一切

北岛

一切都是命运
一切都是烟云
一切都是没有结局的开始
一切都是稍纵即逝的追寻
一切欢乐都没有微笑
一切苦难都没有泪痕
一切语言都是重复
一切交往都是初逢
一切爱情都在心里
一切往事都在梦中
一切希望都带着注释
一切信仰都带着呻吟
一切爆发都有片刻的宁静
一切死亡都有冗长的回声

中国40年

★

2006

◆ 2006 年 1 月 1 日，中华人民共和国中央人民政府网正式开通。

◆ 十届全国人大常委会第十九次会议高票通过决定，在中国存在 2000 多年的农业税自 2006 年 1 月 1 日起废止。

◆ 2006 年 2 月 23 日，都灵冬奥会自由式滑雪男子空中技巧决赛在意大利都灵萨奥兹·杜尔克斯滑雪场举行。我国选手韩晓鹏勇夺金牌。这是中国选手在冬奥会历史上获得的第一枚雪上项目金牌。

◆ 2006 年 5 月 20 日，三峡大坝全线建成。大坝全长 2309 米，达到海拔 185 米设计高程。

◆ 上海市某个招聘会的现场。

◆ 2006年8月19日，
"哥德堡号"惜别广州。

◆ 广州番禺，水乡卖蕉。

怎敢

汪国真

天还未黑，云怎敢灰；
雨还未下，风怎敢吹；
瓜还未熟，秧怎敢枯；
花还未落，树怎敢死；
你还未嫁，我怎敢老。

中国40年
1978—2018
跨境商品
新闻联播

中国40年

★

2007

◆ 2007 年 1 月 11 日，中国举行首次反卫星试验。在该试验中，由西昌卫星发射中心，发射的一枚开拓者 1 号系列火箭携带动能弹头，以反方向 8 千米 / 秒的速度，击毁了轨道高度 863 千米，重 750 千克的本国已报废的气象卫星风云一号 C，是自 1985 年美国发射 ASM-135 反卫星导弹摧毁 P78-1 人造卫星以来首次成功的人造卫星拦截试验。

◆ 2007 年 4 月 18 日，中国铁路实现第六次大提速。时速达 200 千米的国产高速动车组“和谐号”面世，成为中国铁路装备制造业跻身国际一流水平的重要里程碑。

◆ 2007 年，第六届亚洲冬季运动会在中国长春举行。

◆ 中国自行研制的“嫦娥一号”探月飞船于 2007 年 10 月 24 日 18 时 05 分左右成功发射升空。

◆ 湖北网监在浙江等地公安机关的配合下，一举侦破了制作传播“熊猫烧香”病毒案，这是中国破获的国内首例制作计算机病毒的大案。

相信未来

食指

当蜘蛛网无情地查封了我的炉台
当灰烬的余烟叹息着贫困的悲哀
我依然固执地铺平失望的灰烬
用美丽的雪花写下：相信未来
当我的紫葡萄化为深秋的露水
当我的鲜花依偎在别人的情怀
我依然固执地用凝霜的枯藤
在凄凉的大地上写下：相信未来
我要用手指那涌向天边的排浪
我要用手掌那托住太阳的大海
摇曳着曙光那枝温暖漂亮的笔杆
用孩子的笔体写下：相信未来
我之所以坚定地相信未来
是我相信未来人们的眼睛
她有拨开历史风尘的睫毛
她有看透岁月篇章的瞳孔
不管人们对于我们腐烂的皮肉
那些迷途的惆怅、失败的苦痛
是寄予感动的热泪、深切的同情
还是给以轻蔑的微笑、辛辣的嘲讽
我坚信人们对于我们的脊骨
那无数次的探索、迷途、失败和成功
一定会给予热情、客观、公正的评定
是的，我焦急地等待着他们的评定
朋友，坚定地相信未来吧
相信不屈不挠的努力
相信战胜死亡的年轻
相信未来、热爱生命

中国40年
1978—2018
跨境商品
新闻联播

中国40年

2008

◆ 2008年1月28日，国家游泳中心正式竣工。国家游泳中心又称“水立方”（Water Cube），位于北京奥林匹克公园内，是北京为2008年夏季奥运会修建的主游泳馆，也是2008年北京奥运会标志性建筑物之一。

◆ 2008 年 3 月 24 日，北京奥林匹克运动会圣火采集仪式在希腊古奥林匹亚遗址举行。

◆ 2008年5月1日下午，杭州湾跨海大桥通车仪式在大桥海中平台附近举行。中国创造了又一个世界第一：世界上最长的跨海大桥——杭州湾跨海大桥建成通车。这座南起宁波慈溪北至嘉兴海盐、全长36公里的大桥是中国海湾大桥建设的标志性工程，它将直接加速长江三角洲地区经济和社会的一体化，加快迈向世界级城市群。

◆ 2008 年 5 月 12 日 14 时 28 分 04 秒，汶川发生里氏 8.0 级地震，这是自新中国成立以来影响最大的一次地震。

◆ 2008 年 7 月 7 日，在加拿大魁北克城当地时间 6 日下午举行的联合国教科文组织第 32 届世界遗产大会上，独具特色的大型民居建筑——中国福建土楼被正式列入《世界遗产名录》。

◆ 2008年8月8—24日，第29届夏季奥林匹克运动会在中国北京举行，中国共夺得51块奥运金牌，荣登金牌榜榜首。

◆ “神舟七号”载人飞船发射，中国航天员翟志刚首次出舱进行出舱活动，之后安全返回，宣告成功。

◆ 2008 年的广州春运。

清明

郑愁予

我醉著，静的夜，流於我体内
容我掩耳之际，那奥秘在我体内回响
有花香，沁出我的肌肤
这是至美的一刹，我接受膜拜
接受千家飞幡的祭典
星辰成串地下垂，激起厝间的溢酒
雾凝着，冷若祈祷的眸子
许多许多眸子，在我的发上流瞬
我要回归，梳理满身满身的植物
我已回归，我本是仰卧的青山一列

中国40年

★

2009

◆ 自 2009 年 1 月 1 日起，国务院决定实施成品油税费改革，取消原在成品油价外征收的公路养路费、航道养护费、公路运输管理费、公路客货运附加费、水路运输管理费、水运客货运附加费等六项收费。

◆ 2009 年 1 月 6 日，中国海军舰艇编队抵达亚丁湾海域，正式开始护航。

◆ 中国第一个南极内陆科学考察站——中国南极昆仑站于 2009 年 2 月 2 日正式开站。

◆ 2009 年 7 月 27 日，首轮中美战略与经济对话在美国华盛顿举行。

◆ 2009 年 8 月 8 日，中国第一个“全民健身日”。

◆ 2009 年 8 月 23 日，柏林世锦赛女子马拉松比赛中，中国选手白雪以 2 时 25 分 15 秒夺得金牌，这是中国马拉松在世锦赛上的首枚金牌。

◆ 2009 年 8 月，中国门户网站新浪推出“新浪微博”内测版，成为第一家提供微博服务的门户网站，微博正式进入中文上网主流人群视野。随着微博在网民中的日益火热，在微博中诞生的各种网络热词也迅速走红，微博效应逐渐形成。2009 年，微博这个全新的名词，以摧枯拉朽的姿态扫荡世界，打败奥巴马、甲流等名词，成为全世界最流行的词汇。伴随而来的，是一场微博世界人气的争夺战，大批名人被各大网站招揽，各路名人也以微博为平台，在网络世界里聚集人气，同样，这新的传播工具也造就了无数的草根英雄，从默默无闻到新的话语传播者，往往只在一夜之间、寥寥数语。

◆ 训练场上，晒成“斑马”的官兵。

◆ 西关（广州荔湾区旧称）五十年老屋。

偶然

徐志摩

我是天空里的一片云，
偶尔投影在你的波心——
你不必讶异，
更无须欢喜——
在转瞬间消灭了踪影。
你我相逢在黑夜的海上，
你有你的，我有我的，方向；
你记得也好，
最好你忘掉，
在这交会时互放的光亮！

中国
40年
1978—2018
跨境商品
新闻联播

中国40年

★

2010

◆ 2010 年 2 月 10 日，中国国家男子足球队在东亚四强赛中以 3 ：0 大胜韩国队，结束了在国际 A 级赛事中 32 年不胜韩国队的历史。

◆ 2010 年 3 月 18 日，中国自主研制的 AC313 直升机首飞，填补了中国民用直升机领域的空白，中国成为继美国、俄罗斯、欧盟后具备自主研制大型直升机能力的国家。

◆ 2010年4月14日7时49分，青海省玉树藏族自治州玉树县发生里氏7.1级地震，震源深度14千米，造成2698人遇难，270人失踪，12135人受伤，其中重伤1434人。

◆ 2010 年 5 月 1 日，中国 2010 年上海世界博览会开园仪式在上海世博中心举行。

◆ 2010 年 9 月 1 日，手机用户实名制正式实施。

◆ 2010 年 11 月 3 日，360、腾讯大战。当晚 6 时许，腾讯发布公告，在装有 360 软件的电脑上停止运行 QQ 软件。360 随即推出了“WebQQ”的客户端，但腾讯随即关闭了 WebQQ 服务。

◆ 2010 年 11 月 5 日，中国大陆第一条海底隧道——厦门翔安海底隧道全线贯通。

我用残损的手掌

戴望舒

我用残损的手掌摸索这广大的土地：
这一角已变成灰烬，那一角只是血和泥；
这一片湖该是我的家乡，
春天，堤上繁花如锦幛，
嫩柳枝折断有奇异的芬芳，
我触到荇藻和水的微凉；
这长白山的雪峰冷到彻骨，
这黄河的水夹泥沙在指间滑出；
江南的水田，你当年新生的禾草
是那么细，那么软……现在只有蓬蒿；
岭南的荔枝花寂寞地憔悴，
尽那边，我蘸着南海没有渔船的苦水……
无形的手掌掠过无限的江山，
手指沾了血和灰，手掌粘了阴暗，
只有那辽远的一角依然完整，
温暖，明朗，坚固而蓬勃生春。
在那上面，我用残损的手掌轻抚，
像恋人的柔发，婴孩手中乳。
我把全部的力量运在手掌 贴在上面，
寄与爱和一切希望，
因为只有那里是太阳，是春，
将驱逐阴暗，带来苏生，
因为只有那里我们不像牲口一样活，
蝼蚁一样死……那里，永恒的中国！

中国40年
1978—2018
跨境商品
新闻联播

中国40年

2011

◆ 2011 年 1 月 1 日，北京市政府发布规定，以无偿摇号方式分配购车指标，2011 年小客车总量额指标为 24 万辆。

◆ 2011 年 1 月 11 日，中国的新一代隐形战斗机——歼 20 试飞成功。

◆ 2011 年 1 月 21 日，微信正式上线。

◆ 太原至中卫银川铁路，简称“太中银铁路”，是我国《中长期铁路网规划》确定的西北至华北新通道的重要组成部分。该铁路的建成，填补了包兰线、陇海线、宝中线、包西线等铁路范围内的路网空白，打通了华北至西北的新通道，结束了对陇海铁路干线过度依赖的状态，对煤炭外运意义重大。

◆ 2011 年 6 月 4 日，法国网球公开赛女单决赛，中国选手李娜以 2:0 的比分横扫赛会卫冕冠军、来自意大利的斯齐亚沃尼。两盘比分为 6:4 和 7:6（0）。她是法网 100 多年的历史上首位来自亚洲的单打冠军，也是亚洲历史上首位大满贯单打冠军。

◆ 京沪高速铁路，又名京沪客运专线，是中国一条连接北京市与上海市的高速铁路，于 2011 年 6 月 30 日通车。京沪高速铁路作为京沪快速客运通道，是中国“四纵四横”客运专线网中“一纵”，也是中国《中长期铁路网规划》中投资规模最大、技术水平最高的一项工程。其总投资达 2209.4 亿元人民币，是自新中国成立以来资金一次性投放最大的工程。

◆ “天宫一号”是中国第一个目标飞行器，于2011年9月29日21时16分03秒在酒泉卫星发射中心发射升空。飞行器全长10.4米，最大直径3.35米，由实验舱和资源舱构成。它的发射标志着中国迈入航天“三步走”战略的第二步第二阶段。

悲歌

席慕蓉

今生将不再见你
只为 再见的
已不是你
心中的你已永不再现
再现的 只是些沧桑的
日月和流年

中国
40年
1978—2018
跨境商品
新闻联播

中国40年

★

2012

◆ 2012 年 4 月 8 日，菲律宾海军在黄岩岛海域发现 8 艘中国渔船。菲海军持枪登上中国渔船，对中国渔民进行检查。菲律宾海军登船搜查被检查的中国渔船被菲方指控为非法捕鱼。2012 年 4 月 10 日，中国国家海洋局派“中国海监 75 号”和“中国海监 84 号”编队赶赴黄岩岛海域，对我渔船和渔民实施现场保护。双方均声称坚持对争议地区黄岩岛拥有主权，都不肯首先撤离争议海域。自此，双方对峙拉开序幕。

◆ “中国最美女教师”张丽莉的事迹感动了千万中国人。2012 年 5 月 8 日，张丽莉在失控的汽车冲向学生时，一把推开了两个学生，自己却被车轮碾轧，造成全身多处骨折，双腿高位截肢。

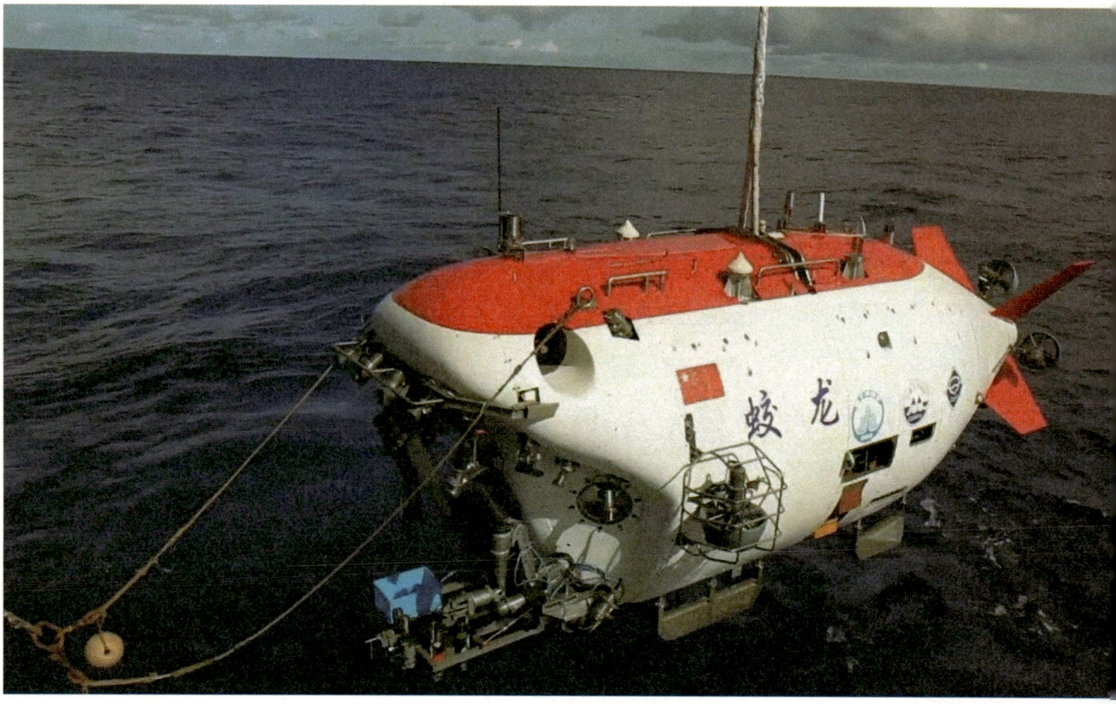

◆ 2012年6月27日，“蛟龙号”7000米级海试第五次下潜深度达7062米，创造中国载人深潜器新纪录。

◆ 2012 年 9 月 25 日，中国首艘航空母舰辽宁舰交付海军。

◆ 2012 年 10 月 11 日，莫言获得诺贝尔文学奖，这是中国本土作家首次获得诺贝尔文学奖。

◆ 2012 年 12 月 1 日，世界上第一条穿越高寒地区的高速铁路——哈大高铁正式开通运营。

◆ 旅顺塔河湾盐场海鲜市场晾晒的老板鱼和鲅鱼，乍一看还挺吓人。

雪地乌鸦

章平

雪地白了一片，乌鸦只黑一点
仰头再看，还是白茫茫的雪
路边堆的旧轮胎，也被铺白
如谁故意摆下，一局黑白围棋
都已让白子占了所有声势
白茫茫，一曲楚歌，要唱尽一子英气
一双眼睛转动，黑黑的
微微一点弱势，似乎勾了唯一动静
此刻我谁扮演别姬？又怎能突围
一棵倒塌柏树，压断了电话线
朝右手的山舞银蛇，向左边的原驰蜡象
更是千万银盔玉甲，纷纷扬扬
似乎没有退路，白茫茫只让人心寒
忽见乌鸦拍翅，就这样越空飞去
如撤子不围，落它一派白里独自迷惑
让我这个观者，也都怦然心动
只是正要走开，突想一事还不明白
我这一人，究竟是白子还是黑子

中国40年
1978—2018
跨境商品

中国40年

★

2013

◆ 2013年1月，连续几天来，中国中东部地区都出现大范围雾霾天，受此影响，12日多地空气质量都是六级严重污染。中国环境监测总站的全国城市空气质量实时发布平台数据显示，北京、河北、山东等多地空气质量达严重污染。

◆ 2013 年 1 月 23 日，邹市明签约美国顶级拳击推广公司，他是中国第一位成为职业拳击手的奥运会拳击冠军。

◆ 2013 年 5 月 1 日起，解放军统一启用新式军车号牌，严限豪车悬挂。

◆ 2013 年 6 月 11 日至 6 月 26 日，搭载着聂海胜、张晓光、王亚平三名宇航员的“神舟十号”载人飞船在太空与“天宫一号”成功实现了自动和手动对接。

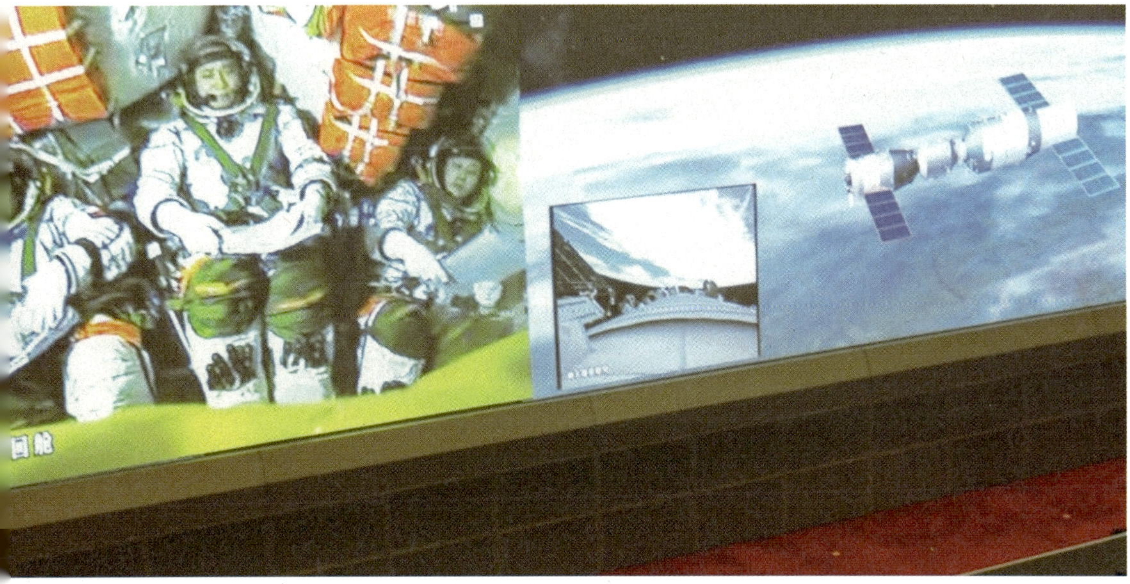

◆ 2013 年 9 月 29 日上午 10 时，中国（上海）自由贸易试验区正式开始运行。

◆ 2013 年 12 月 28 日，全国人大公布允许“单独”子女生二孩的政策。

◆ 杭州动物园，跟游客“打雪仗”的狮子夫妇。

◆ 哈尔滨冰雪节，一名穿着熊猫服装的工作人员从冰雕上滑下。

黑夜的献诗

——献给黑夜的女儿

海子

黑夜从大地上升起
遮住了光明的天空
丰收后荒凉的大地
黑夜从你内部升起
你从远方来，我到远方去
遥远的路程经过这里
天空一无所有
为何给我安慰
丰收之后荒凉的大地
人们取走了一年的收成
取走了粮食骑走了马
留在地里的人，埋得很深
草叉闪闪发亮，稻草堆在火上
稻谷堆在黑暗的谷仓
谷仓中太黑暗，太寂静，太丰收
也太荒凉，我在丰收中看到了阎王的眼睛
黑雨滴一样的鸟群
从黄昏飞入黑夜
黑夜一无所有
为何给我安慰
走在路上
放声歌唱
大风刮过山岗
上面是无边的天空

中国40年

2014

◆ 中国“雪龙号”成功营救被困南极俄罗斯乘客。由于天气骤然恶化，俄罗斯“绍卡利斯基院士号”科考船在南极洲附近被厚冰困住一个多星期，中国极地科学考察船“雪龙号”于 2014 年 1 月 2 日派出“雪鹰 12”直升机，在“绍卡利斯基院士号”附近冰面成功降落，分批次成功转移了 52 名受困乘客。

◆ 2014 年 2 月 27 日，第十二届全国人大常委会第七次会议通过决定，将每年的 12 月 13 日设立为南京大屠杀死难者国家公祭日。决定的通过，使得对南京大屠杀遇难者的纪念上升为国家层面，表明了中国人民反对侵略战争、捍卫人类尊严、维护世界和平的坚定立场。

◆ 2014 年 3 月 16 日，史诗长卷《小平颂》在北京京西宾馆发布。

◆ 2014 年 3 月 28 日 9 时 30 分许，搭载 437 具中国人民志愿军烈士遗骸的专机降落在沈阳桃仙国际机场，离开祖国 60 多年的烈士英灵回家。11 时 30 分，迎接仪式在桃仙国际机场举行。12 时许，礼兵护送志愿军烈士遗骸棺椁上灵车赴抗美援朝烈士陵园，437 具烈士遗骸被临时安放在烈士陵园。

◆ 2014 年 4 月 25 日，吉林省公布 89 件侵华日军档案。

◆ 孩子们戴着防雾霾鼻罩在操场上玩耍。

◆ 珠江新城不夜天。

◆ 江苏省昆山遭遇强降雨，数道闪电在空中飞舞。

树影婆娑

赵丽华

整个的树冠在风里面摇动
天光从枝叶间漏下来
一些蚂蚁在搬弄食物
个别的停下来
怔忪一小会儿
思考的是一些漫无边际的大问题
在这样的一小片
微微的
有些许发潮的
松软的
泥土之上

中国40年

2015

◆ 2015 年 5 月 27 日 9 时，经过中铁十四局集团等建设单位 31 个月的艰苦奋战，我国海拔 2000 米以上高原地区最长高速公路隧道六盘山隧道正式全线贯通。

◆ 2015 年 8 月 12 日，天津港危险品仓库发生特大火灾爆炸事故，造成 165 人遇难。

◆ 2015 年 9 月 3 日，中国人民抗日战争暨世界反法西斯战争胜利 70 周年，中华人民共和国在北京天安门广场举行纪念活动，并举行阅兵式。中国举行阅兵式的目的是为了铭记历史、缅怀先烈、珍视和平、开创未来，显示中国和各国人民捍卫世界和平的决心和能力。这是中国首次在 10 月 1 日国庆节以外的日子举行阅兵式。

◆ 2015 年 12 月 17 日，中国暗物质粒子探测卫星“悟空”发射任务圆满成功。

◆ 2015 年春节自贡灯会。

◆ 2015 年，航拍上海自贸区。

◆ 2015 年，屠呦呦获“诺贝尔生理学或医学奖”。

◆ 北京、张家口获得 2022 年第 24 届冬季奥林匹克运动会主办权。

我遥望

曾卓

当我年轻的时候
在生活的海洋中，
偶尔抬头遥望六十岁，
像遥望一个远在异国的港口
经历了狂风暴雨，惊涛骇浪
而今我到达了，
有时回头遥望我年轻的时候，
像遥望迷失在烟雾中的故乡

中国40年

2016

◆ 2016 年 1 月 6 日，南沙永暑礁新建机场试飞成功，中国民用航空客机降落永暑礁。

◆ 2016 年 4 月 8 日，财政部会同海关总署、国家税务总局发布我国跨境电子商务零售进口税收新政策，并同步调整行邮税政策，这意味着海淘免税时代结束了。

◆ 2016 年 6 月 16 日，上海迪士尼乐园正式开门迎客，并举办为期数日的盛大开幕庆典。

◆ 2016 年 7 月 3 日，位于中国贵州省内的 500 米口径球面射电望远镜（FAST），顺利安装最后一块反射面单元，标志着 FAST 主体工程完工，进入测试调试阶段。

◆ 2016 年 8 月 6 日零时 22 分，我国在西昌卫星发射中心用长征三号乙运载火箭成功将天通一号 01 星发射升空，这是中国卫星移动通信系统首发星。

◆ 2016年9月27日，港珠澳大桥22.9公里主桥顺利贯通，其“中国结”“海豚”“风帆”成三大标志景观。

◆ 2016年12月16日，“一带一路”国际日，全球留学生庆祝。

◆ 上海迪士尼的焰火表演。

背影

汪国真

背影
总是很简单
简单
是一种风景
背影
总是很年轻
年轻
是一种清明
背影
总是很含蓄
含蓄
是一种魅力
背影
总是很孤零
孤零
更让人记得清

中国40年

— ★ —

2017

◆ 2017 年 1 月 20 日，中国首次开展的星地高速相干激光通信试验成功。

◆ 2017 年 4 月 26 日，中国第二艘航空母舰正式下水。

◆ 2017 年 5 月 1 日，上海世博会博物馆建成开放。

◆ 2017 年 5 月 5 日，中国首架国产大飞机 C919 成功完成首飞。

◆ 国家生态大数据研究院于 2017 年 5 月 26 日成立，领导机构由名誉院长、院长和副院长组成，研究院实行院长负责制。国家生态大数据研究院办公地点设在海南省陵水县。

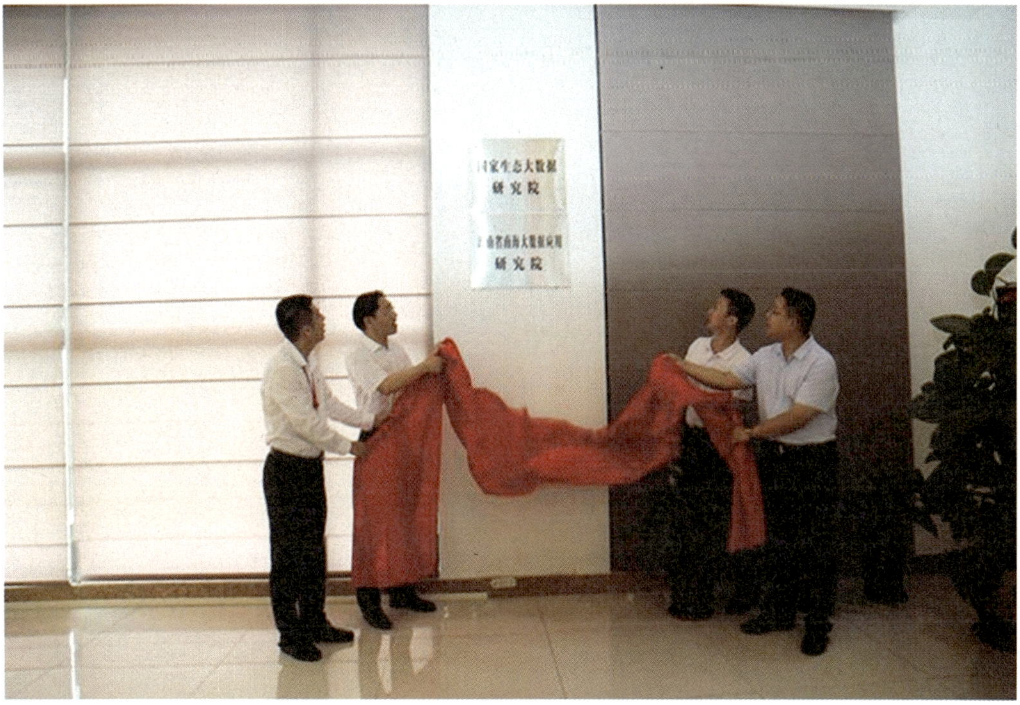

◆ 2017 年 6 月 1 日，中国首台泵后摆火箭发动机首次试车圆满成功，成为世界上第二个掌握泵后摆核心技术国家。

◆ 2017 年 6 月 26 日，完全自主知识产权的中国标准动车组“复兴号”在京沪高铁正式双向首发。

◆ 广州国际灯光节与里昂、悉尼并列为世界三大灯光节。广州国际灯光节在每年年底举办，采用“政府搭台、企业唱戏”的市场化模式，通过整合现有市场资源、引导企业参与，以走市场化道路来举办年度公共文化盛事。

◆ 2017 年 10 月 1 日，工信部全面取消手机长途漫游费。

◆ 随着抖音的爆火，“两微一抖”（微博、微信、抖音）的新媒体时代正式拉开序幕。

一句话

闻一多

有一句话说出就是祸，
有一句话能点得着火，
别看五千年没有说破，
你猜得透火山的缄默？
说不定是突然着了魔，
突然青天里一个霹雳
爆一声：
“咱们的中国！”
这话叫我今天怎么说？
你不信铁树开花也可，
那么有一句话你听着：
等火山忍不住了缄默，
不要发抖，伸舌头，顿脚，
等到青天里一个霹雳
爆一声：
“咱们的中国！”

中国
40年

2018

◆ 自 2018 年 1 月 1 日起，由中国人民解放军担负国旗护卫和礼炮鸣放任务。此前守卫国旗 35 年的天安门国旗护卫队（1991 年以前为“天安门国旗班”）光荣结束使命。

◆ 2018 年 2 月 2 日，中国第一颗私人卫星“风马牛一号”发射任务圆满成功。

◆ 2018 年 3 月 21 日，中央广播电视总台组建成立（4 月 19 日正式揭牌亮相）。

◆ 2018 年 4 月 5 日，北京星际荣耀空间科技有限公司研制的“双曲线一号 S”火箭（Hyperbola-1S）在海南发射场发射升空，标志着中国首枚民营航天火箭发射成功。

◆ 2018 年 4 月 22 日，首届数字中国建设峰会在中国福州召开。

◆ 2009 年 12 月 15 日，港珠澳大桥正式开工建设；2017 年 7 月 7 日，港珠澳大桥主体工程贯通；2018 年 10 月 24 日上午 9 时，港珠澳大桥正式通车。

太阳

艾青

从远古的墓茔
从黑暗的年代
从人类死亡之流的那边
震惊沉睡的山脉
若火轮飞旋于沙丘之上
太阳向我滚来……
它以难掩的光芒
使生命呼吸
使高树繁枝向它舞蹈
使河流带着狂歌奔向它去
当它来时，我听见
冬蛰的虫蛹转动于地下
群众在旷场上高声说话
城市从远方
用电力与钢铁召唤它
于是我的心胸
被火焰之手撕开
陈腐的灵魂
搁弃在河畔
我乃有对于人类再生之确信

中国40年

1978—2018